KB076852

이것도 ?
놀이야

유치원 교사들의
유아 · 놀이 중심 교육 과정 실천 사례

제1판 제1쇄 발행 2022년 2월 25일

지은이	〈나가서 놀자〉 울진 지역 유치원 교사 학습 공동체
펴낸이	강봉구

펴낸곳	작은숲출판사
등록번호	제406-2013-000081호
주소	10892 경기도 파주시 와석순환로 307 (목동동, 산내마을11단지 현대아이파크 아파트)
서울사무소	04627 서울시 중구 퇴계로 32길 34
전화	070-4067-8560
팩스	0505-499-8560
홈페이지	http://www.littleforestpublish.co.kr
이메일	littlef2010@daum.net

ISBN 979-11-6035-131-6   03370
값은 뒤표지에 있습니다.

선생님의
책꽂이

유치원 교사들의

유아 · 놀이 중심 교육 과정 실천 사례

이것도?
놀이야!

〈나가서 놀자〉

울진 지역 유치원 학습 공동체 지음

작은숲

교사들의 고민으로 시작된
유아·놀이 중심 교육 과정의 실천

울진 지역에는 15개의 공립 유치원이 있습니다. 지역의 특성상 소인수, 단학급 병설 유치원이 대부분입니다.

교사로서 각 유치원에서 만나는 아이들과 교육 과정을 운영하기 위해 매년 최선을 다하지만 그 과정은 언제나 쉽지 않았습니다. 우리는 교육 현장에서 만나는 수많은 고민들을 함께 나눌 동료 교사가 필요했습니다. 2014년 학습 공동체를 시작으로 매 회 구성되는 교사들의 색은 조금씩 달랐지만 그 고민들은 언제나 다양했고, 우리가 나누는 '수업', '교육 과정 운영', '교실에서 만나는 아이들', 그 외 고민들도 점점 커져만 갔습니다.

바쁜 교육 현장 속에서 시간을 내어 학습 공동체를 한다는 것은 쉽지만은 않았습니다. 어떤 해는 매우 활발한 수업 나눔으로 큰 에너지를 얻기도 했고, 또 어떤 해는 지쳐서 흐지부지되기도 했습니다. 그럼에도 지속적으로 학습 공동체가 유지되어 온 것은 이 시간을 통해 나누는 진솔한 이야기와 그 속에서 함께 성장하고 있는 우리의 모습을 발견했기 때문이 아닐까요?

2019 개정 누리 과정이 현장에 실행되면서 교사들의 고민은 더 깊어져 갔습니다.

'우리가 하고 있는 것이 놀이 중심 교육 과정이 맞나?'

'이것도 놀이인가?'

'기록은 어떻게 할까?'

'이렇게 기록하고 있는 것이 맞나?'

많은 현장 교사들의 고민은 모두 비슷할 것이라는 생각이 듭니다. 유아·놀이 중심 교육 과정의 실천에는 언제나 아이들이 있고 우리는 그 아이들이 행복하고 자신의 삶을 잘 살아 나갔으면 하는 바람입니다.

우리가 하고 있는 교육 과정 실천 사례와 그 이야기가 대단한 것은 아닐 수 있습니다. 하지만 생생한 현장의 목소리와, 참교육 과정을 실천하기 위해 고군분투하는 노력의 과정을 담았습니다.

현장에서 직접 아이들과 맞닿은 교사의 고민은 무엇이고, 놀이 중심 교육 과정을 교실 현장에서 실천할 때 어려움은 무엇이며, 그 어려움을 딛고 현장에서 어떻게 녹여 가고 있는지…. '누군가에게는 잘 해낸 현장의 결과물보다 지지고 볶고 고민하는 유치원 교사와 아이들의 목소리가 궁금하지 않을까?' 생각했고, 나누고 싶었습니다.

늘 따스한 마음으로 아이들을 바라보고 현장의 이야기와 고민들을 모임에 가져와서 나누는 김민아 선생님, 점점 기록이 재미있어지고 학습 공동체에서 나누는 많은 이야기들이 정말 중요하다는 것을 알게 되었다는 김미화 선생님, 유치원에서 실천하는 놀이 이야기와 모임 등을 기록하며 더 성장하고 변화하게 되었다는 남은솔 선생님, 현장에 있는 동안 유아·놀이 중심 교육 과정을 잘 실천하고 공동체의 중요성을 알게 되었으며 이제는 현장을 떠나 또 다른 세계로 자리를 옮긴 유재은 장학사님, 솔직담백한 아이들의 놀이에서 배움을 찾기 위해 고민하는 이유정 선생님, 그리고 학습 공동체를 늘 중요하게 생각하고 있는 손은실 선생님, 즉 우리는 현장 교사의 고민에서부터 유아·놀이 중심 교육 과정이 실천되는 것이 가장 가치 있다고 믿습니다. 앞으로도 교사들의 생생한 고민과 나눔은 <나가서 놀자> 학습 공동체를 통해 계속될 것입니다.

이 책에서 소개되는 '좌충우돌 유치원 교사들의 유아·놀이 중심 교육 과정 실천 이야기'가 현장의 많은 교사들에게 공유되기를 바라며, 이러한 소통과 나눔의 장이 점점 퍼져 나가길 기대합니다. 또한, 유아·놀이 중심 교육 과정 실천을 고민하는 많은 현장 교사와 '유아·놀이 중심 교육 과정이 뭘까?'라고 궁금해 하는 전국의 많은 분들에게 조금이나마 도움이 되고 나눔의 장이 될 수 있기를 소망합니다.

2022년 1월
<나가서 놀자> 울진 지역 유치원 학습 공동체
대표 손은실

　　2021년 한 해가 저물어 갈 즈음 마음의 문을 활짝 연 울진의 보배들이 한마음으로 모으는 선생님이 바라본 우리 아이들의 모습을 담은 책을 엮어 내는 곳에 지면으로 축하의 글을 쓰게 되어 무척 영광으로 생각합니다.

　　초임 교사가 현직에 몸을 내던지는 순간을 우리는 초심이라 표현합니다. 아이들을 처음 대할 때 설레는 마음과 아이들을 향한 사랑의 마음을 듬뿍 담아 모든 역량을 아이들에게 쏟게 마련이죠. 그러나 해가 거듭될수록 사랑만으로는 이 모든 것을 실천하기에는 부족하다는 현실의 벽에 부딪혀 좌절해 가면서 우리는 초심을 조금씩 잃어 가고 있습니다.

　학생들을 가르치는 교육 현장은 교육 과정이라는 커다란 틀에서 많은 자율성을 담임 선생님에게 두고 있습니다. 그만큼 선생님의 역량과 정성에 따라 자라나는 학생들에게 미치는 영향이 크다는 것이겠죠. 주변의 교육 환경이 날로 복잡해지고 어려워지는 것이 현실입니다. 이러한 때에 초심을 잃지 않으려는 울진의 우리 선생님들의 노력이 한곳으로 모아지는 것을 보게 되면서 응원의 목소리를 더 크게 내고 싶어집니다.

　칭찬의 효과는 교육에서 자주 등장하는 말입니다. 아이들만 칭찬을 좋아하는 것은 아닙니다. 우리 선생님들도 칭찬받기를 좋아합니다. 교장, 교감 선생님이나 학부모님들로부터 칭찬의 말을 들을 때 그간의 모든 어렵고 힘든 일들이 눈녹 듯 사라지게 되죠.

　금방 끝나고 해결될 것 같던 코로나19 상황이 두 해를 넘기면서 아직 그 끝을 보여 주지 않습니다. 하지만 우리 선생님들의 열정은 어려움 속에서 더 빛을 내게 될 것이며, 항상 아이들을 사랑하는 우리 선생님의 마음은 변함이 없을 것입니다.

　정성 어린 글들이 책 속에서만 묻히지 않고, 교육 현장에 더 밝게 빛나기를 기대하면서 사랑하는 우리 선생님들의 열정을 응원합니다.

2022년 1월

울진교육지원청 교육지원과장 박경화

목차

2부 줄기 ❷ – 유아·놀이 중심 교육 과정 실천하기 | 실외놀이 |

3부 가지 – 우리들은 어떤 변화와 마주하고 있나?

우리를 있게 한 8할의 힘

울진 지역에서는 2014년부터 학습 공동체를 통해 여러 가지 이야기를 공유하며 도움을 얻고 있었다. 2019 개정 누리 과정에서도 교사 학습 공동체를 중요하게 다루고 있다. 뿌리는 눈에 보이지는 않지만 나무가 가지를 뻗고 열매를 맺을 수 있게 하는 중심 역할을 한다고 볼 때, 우리에게는 그 역할이 동료 교사가 있는 학습 공동체가 아니었을까에 모두 의견을 같이 했다. 이에 1부 뿌리에서는 '우리를 있게 한 8할의 힘'으로 학습 공동체에 대한 이야기를 다루었다.

우리를 키운 8할의 힘! 교사 학습 공동체

손은실

  울진은 산과 바다와 계곡으로 둘러싸인 작은 동네다. 현재 <울진
군 병설유치원>은 전체 15개의 유치원에 19학급이 있다. 대부분 단
학급 병설유치원 교사이다. 첫발령을 받고 잘 몰라서 허둥허둥했던
기억이 많다. 유치원 동료 교사가 없으니 물어볼 데가 없고 함께 의
논할 데가 없었다. 그러다 보니 교육 과정 운영의 전반적인 것에 대
한 궁금증을 그때그때 해소할 데가 없어 유치원 교사 혼자서 온몸
으로 버텨 내고 있었던 것 같다. 초등학교 병설유치원이다보니 초
등학교 동료 교사는 많으나 유치원만의 수업에 대한 어떤 것을 나
눌곳이 없다는 것은 나만의 문제는 아닌 것 같다. 초등 위주의 학교

문화도 단학급 유치원 교사가 소외감을 느끼기에 충분하다.

이 소외감에 익숙해지면 점점 나를 밖으로 꺼내기보다는 안으로 꾹꾹 넣고 혼자서 다 해결하려고 했던 것 같다. 수업이든, 업무든. 유치원 교사가 알아서 척척 모든 것을 해내는 것에 익숙해졌던 것 같다. 유능한 교사가 되고자 했으나 점점 고립되고 소통이 없이 결국 혼자 섬에 있게 되는 것이다. 이런 지경에 이르렀는데도 스스로 박차고 나와서 누구든지 만나고 함께 무엇을 하려 하지 않은 이유는 무엇이었을까? 홀로, 소외되는 것이 너무 싫으면서도 거기에 점점 익숙해짐이 아니었을까? <홍등>이라는 영화가 생각난다. 이건 아니다 싶으면서도 거기에 점점 물들어 가는 것이다.

교사 학습 공동체가 있기 전에도 <교과연구회>라는 이름으로 울진군 유치원 교사들의 협의회 체제는 있었다. 그러나 여기에서 교사가 고민하는 '수업'에 대한 것을 충분히 이야기하기에는 늘 목마름이 있었다. 이러한 목마름이 있었고 또한 초임 교사나 경력 교사나 수업에 대한 이야기를 하고 싶어도 할 데가 없음에도 불구하고 왜 학습 공동체를 조직하지 않았을까? 수업에 대한 이런저런 이야기를 하는 모임을 만들지 않았을까?

2014년쯤에 유치원마다 로봇을 학습 도우미로 활용해서 수업을 하라고 제니보, 아이로비를 현장에 배부했다. 로봇 사용법을 익히기 위해 로봇이 있는 유치원은 담당 교사들이 포항으로 연수를 갔다. 그 이후에 '한번 같이 공부해보자'라고 모인 것이 지금의 <나가서 놀자> 교사 학습 공동체의 첫 출발이었다. 교사 6명이 자율적으로 시작한 이때가 아마도 가장 자율적이고 자발적이고 엄청난 에너지를 가지고 있지 않았나 생각한다.

2016년에 <나가서 놀자>라는 동아리 이름을 정했고 동아리는 1년 단위로 재조직될 수 밖에 없었다. 교사들의 이동이 그 첫째 이유이고 학교라는 시스템이 2월 준비를 시작으로 3월 학기를 시작하고 여름 방학, 9월 2학기, 겨울 방학이라는 사이클에 익숙하다 보니 3월에 모여 그해의 주제와 모임의 운영방향을 정하게 된다. 같은 유치원이 아니다보니 울진의 지리적 특성에 따라 30분씩 오고가야 만날 수 있으므로 월 1회 이상의 모임을 하기 힘들었다.

모임의 리더로서 나는 왜 이 동아리에 연연해 할까? 누가 조직하라고 하는것도 아니고, 잘한다고 계속해 보라고 지원하는것도 아니고, 꼭 해야 하는것도 아니었다. 그런데도 나는 때가 되면 동아리를 조직하는 공문을 보내고 선생님들과 모임 하기를 즐기며 동아리에 머물기를 좋아한다. 그 이유는 무엇일까?

유재은
―

2017년, 포항에서 다시 울진으로 발령받은 나는 바닷가에 있는 작은 분교 유치원에서 생활하게 되었고, 도시의 유치원에서 맡았던 28명 대신 4명이라는 말도 안되는 숫자의 아이들을 맡게 되었다. 4

명의 아이들을 데리고 수업을 하라니…. 28명을 데리고 수업을 해 왔는데, 4명과 하는 수업은 그야말로 식은 죽 먹기가 아닐까 했던 나의 자만심은 며칠 만에 부서져 버렸다. 교사로서 어떤 활동을 준 비해도 4명의 아이들은 금방 끝냈고, 이야기 나누기를 해도 이야기 를 나눌 아이들이 적다 보니 금방 시시하게 끝났고, 무엇보다 도시 에서 했던 나의 수업을 이 아이들은 지루해했다.

바람이 적당히 불던 어느 날, 난 아이들과 바람에 대한 수업을 계 획했고, 바닷가로 나가면 바람이 더 잘 불 테니 수업은 더 확장될 수 있겠다는 야심찬 계획 아래 아이들을 데리고 바닷가로 나갔다. 하지만 아이들은 나의 바람 수업에는 관심이 없고 자기들끼리 바 닷속에 있는 해초를 어떻게 건질까를 열심히 토론하며 다양한 시 도를 했다. 그 날, 난 바람에 대한 수업은 1도 꺼내지 못하고 아이들 이 자발적으로 이끌어 가는 토론과 탐구 수업(?)을 관찰하며 내가 해 왔던 수업 방식을 바꿔야 이 아이들에게 의미가 있겠다는 생각 이 들었다. 하지만 거기까지였다. 내 수업 방식을 바꿔야 하겠지만 어떻게 바꿔야 할지는 엄두도 나지 않았고, 방법도 몰랐다.

내가 떠나 있던 4년이란 시간 동안 울진의 유치원 교사들의 분위 기도 달라져 있었다. 예전에 있던 교과연구회라는 이름 대신 '교사 동아리'란 테두리 안에서 <나가서 놀자>라는 생소한 이름표를 달 고 아이들의 놀이에 대해 고민하고 있었다. 도시에서 작은 시골로 돌아와 이 아이들에게 적절한 수업을 고민해 보던 나처럼 이곳에 있던 선생님들은 나와 같은 고민을 나보다 더 먼저 하고 있었던 것이다. 자연스럽게 나도 그 동아리 안에 들어가 함께 고민을 나누며 방법을 찾게 되었다.

초등학교나 중학교, 고등학교엔 비슷한 아이들을 데리고 있으면서 생기는 비슷한 고민을 나눌 동 학년이 있다. 하지만 병설유치원은 대부분 1학급이다. 초등학교에서 동 학년 협의회를 하는 것을 보며 늘 외롭고 부러웠다. 힘들고 어려울 때, 기쁘고 행복한 일이 있을 때 그것을 공유할 수 있는 상대가 있다는 것이 얼마나 행복한 일인가? 우리들에게 동아리는 그런 존재이다. "'바람' 수업을 하러 바닷가에 나갔는데 아이들은 바람에 관심이 전혀 없었어요. 아이들하고 바다에서 놀다 왔어요. 난 교사로서 무얼 한 걸까요?"라는 고민에 다같이 비슷한 경험을 꺼내 놓으며 아이들에게 진정 의미 있는 수업이 무엇일까에 대해 생각을 나누고 서로의 생각을 다지게 되었던 것이다. 그렇게 교실로부터 떠나오기까지 4년이란 시간 동안 함께했다. 동아리란 이름으로 만나 함께 수업을 고민하지만 이야기를 나누다 보면 단순히 '아이들과의 수업을 어떻게 할까' 보다는 '교사로서의 나는 어떤 모습으로, 어떤 방법으로 아이들과 지내야 할까'에 대한 본질적인 고충을 나누게 되고, 수많은 상담과 고백과 격려와 토의로 다져진 그 이야기가 각자의 머릿속에서 교사로서의 철학이란 형태로 자리잡게 된 것이 아닐까?

나에게 동아리는 정서적 지지 공동체였다. 내가 가고 있는 이 길이 틀린 길이 아님을, 내가 겪은 오늘 하루가 나에게만 일어난 힘든 하루가 아니었음을 공감받고, 격려받는 안식처와 같은 곳이다. 유치원이란 공간 속에서 난 동아리 모임이 있는 날이면 며칠 전부터 소풍을 떠나는 아이와 같이 설레었다. 한 달 동안 마음 속에 꾹꾹 담아 놨던 아이들과의 일상, 느꼈던 고통(?), 갈등했던 순간들을 쏟아내며 공감받고, 위로받을 수 있음에 든든한 내 편을 만나러 가는 느낌. 동아리를 마치고 돌아가는 길이면 교사로서의 나의 철학에, 나의 가치관에 나이테가 하나씩 늘어난 것 같은 그 기분에 매년 학기 초면 동아리 신청서에 동그라미를 크게 그려 넣었다. 유치원에서 교사로서 지내왔던 시간 동안 난 이 공동체 덕분에 꾸준히 교사로서 행복하게 성장할 수 있었고, 교실 밖으로 떠나와 있는 지금도 동료들과 함께 나누는 과정을 통해 부족한 면을 메우고, 생각들을 나누며 철학을 만들어가던 이 울타리가 무척이나 그리울 때가 있다.

김미화
───

　학습 공동체를 시작한 지 벌써 6년이 지났다. 2016년 처음 학습 공동체를 시작한 계기를 생각해 보면 특별한 이유는 없고, 옆 반 선생님의 '부담스럽지않은 모임'라는 말에 홀딱 넘어갔다. 첫 모임을 나가고 '아… 잘못 들어왔네?'라는 생각이 제일 먼저 들었다. 분명히 부담스럽지 않다고 했는데…. 자신의 수업을 다른 선생님과 공유하다니…. 이거 너무나 그리고 확실하게 부담스러운 모임이 아닌가…. 아 망했다…. 첫 1년은 '동아리 모임에 어떤 그럴싸한 변명으로 빠질까?'를 항상 고민하며 보냈다.

이듬해 2월 새로운 동아리 (당시에는 연구 동아리라고 불렀음) 회원을 모집하였고 나는 당시 회장 선생님께 아주 조심스럽게 문자를 보냈다. '선생님, 저는 올해는 동아리 모임에 참석이 어려울 거 같아요. 조금은 부담스럽기도하고….' 아주 적당한 표현으로 포장을해서 연락을 드렸다. 띵동! 나의 기대와 다르게 '선생님, 너무 늦게 연락 주셔서 벌써 동아리 회원을 작년과 동일하게 구성했어요'라고 하시는게 아닌가??? 아… 망했다… 또 동아리라니…… 좌절과 함께 동아리 활동을 시작하였다.

생각해 보니 우리 교사 연구 동아리가 2017년부터 조금씩 활성화되지 않았나 생각이 된다. 당시에 울진에 신규와 경력이 많은 선생님들이 다수 전입을 왔고, 자연스럽게 같이 동아리 모임을 하게 되었다. 전입오신 선생님들은 '놀이'를 중요하게 생각하셨고 이때부터 동아리 활동이 여러 가지 놀이(미술 놀이, 바깥 놀이, 놀이 중심)에 초점이 맞춰지기 시작했다. 단순히 전입오신 선생님들만의 영향 때문은 아닌 거 같다. 당시 함께 모임을 했던 모든 선생님들의 열정이 하나로 잘 모였기 때문이지 않을까? 그 이후로 교수님, 장학사 그리고 수업 컨설팅, 전남 기적의 놀이터 견학 등 동아리의 중심에는 항상 '놀이'가 자리 잡게 되었고 거기서 마음이 더 맞는 선생님들끼리 모여서 아이들의 놀이 이야기 엮는 책 모임이 생겼다.

2020년 개정 누리 과정(유아·놀이 중심)이 되면서 개인적으로 관내 유치원 선생님이 생각났다. 아마도 같이 책을 쓰는 6명의 선생님도 같은 생각을 하지 않았을까? 이 선생님은 2017년도에 울진으로 전입오시면서 아이들에게 놀이가 얼마나 중요하고 필요한지를 여러 가지 방법으로 우리에게 이야기하셨다. 당시에는 '원래 하던 대로 하면 되지, 굳이 놀이가 필요해? 애들 많이 놀고 있는데?' 솔직히 나는 불편했었는데, 그렇게 1, 2년 함께 이야기하면서 스스로 갇힌 생각을 많이 깰 수 있었다. 선생님께서 지병으로 재작년에 돌아가셨는데, '교육 과정이 개정된 것을 들으셨다면… 우리가 함께 아이들의 놀이를 책으로 엮어 낸다는 것을 아셨다면… 얼마나 좋아하시고 응원하셨을까?'라는 생각이 문득 들었다.

나는 학습 공동체가 참 좋다. '예전에 탈퇴했다면 어쩔 뻔했어!'라는 생각이 들 정도로 말이다. 날 챙겨 주는 선배 교사가 있어서 좋고 내가 도움을 줄 수 있는 후배 교사가 있어서 좋다. 필요할 때 도움을 언제라도 요청할 수 있어서 좋고 힘들 때 투정을 부릴 수 있어서 좋다. 또 몸은 떨어져 있지만 마음은 늘 곁에 있는 동료 교사가 나에게도 있음을 느낄 수 있어서 든든하기도 하다.

나는 우리 동아리가 조금 활성화되기 시작한 2017년에 울진으로 신규 발령을 받았다. 2017학년도 경북 합격자 중에서 한 학급에 발령받은 교사 3명 중 현장 경험이 없었던 교사는 나 혼자였다. 그때 함께 합격한 동기 선생님들이 최소 2명에서 많으면 6명 정도까지 같은 유치원에 발령을 받아 함께 의지하는 모습을 얼마나 부러워했는지 모른다. 그해에 예천, 안동 주변에 단설유치원이 생기기 시작했었다. 그 전까지 한번 스쳐지나간 적도, 들어본 적도 없는 울진에 왔는데, 시골 마을에 학교만 덩그러니 있어 밤이 되면 무서웠다. 합격의 기쁨이 채 가기도 전에 외로움과 두려움이 가득했다. 한 학급에서 오자마자 학부모 오리엔테이션이며 입학식, 교육 계획까지 모두 해내야 한다니 막막했다.

그 당시 평해는 소인수 학급이라 주변 소인수 학급 유치원들과 '함께데이'라는 것을 했었다. 인수인계해 주신 선생님이 가시면서 마지막으로 그 두 유치원 선생님의 연락처를 주셨다. 바로 연락드렸고 오래전부터 알고 있었던 것 마냥 알뜰살뜰 챙겨 주시며 얼마나 든든한 힘이 되어 주셨는지 모른다. 그 선생님들이 '나가서 놀자!' 동아리를 소개해 주셨다. 함께데이 두 선생님이 계시는 것만으로도 든든한 힘이 되었는데, 동아리는 울진에 계신 선생님들이 모두 모여 서로의 생각을 들어주고 같이 고민해 주며 내게 없어서는 안 될 존재가 되었다.

일단 모이면 공감과 위로를 가지니 매달 나가는 게 즐거웠다. 빠지지 않고 가게 되고 한 달에 한 번씩 나가는 동아리 날만 기다리게 되었다. 그렇게 나가다 보면 늘 선생님들은 수업에 대해 이야기하고 또 이야기했다. 각자 수업에서 있었던 아이들의 반응을 들으면, 마치 그 상황에 있었던 것처럼 서로 웃음보가 터져서 웃기도 하고 때론 감동을 받기도 했다.

초등학교 선생님이나 학부모님들은 유치원 수업에 대해 대수롭지 않게 여길 때가 있다고 종종 느낀다. 하지만 이렇게 동아리에서 선생님들과 이야기를 하면 선생님들이 얼마나 수업을 열심히 준비하고 또 연구하고 아이들을 생각하는지 느낄 수 있어서 자랑스럽기 그지없다. 그래서 함께 수업에 대해 토의하면 지극히 자유로운 분위기에서 의견이 나온다. 여기선 경력도 나이도 중요하지 않다. 사소한 의견도 모두 소중히 들어주고 다그치지 않는다. 무슨 말만 하면 칭찬을 할 정도로 서로가 얼마나 열심히 한다는 걸 알아준다. 누구보다 옆에 있으니 가장 잘 알아준다. 내 생각을 굳이 하나부터 열까지 설명하지 않아도 척하면 척 꿰뚫어 보시면서 보듬어 주신다. 이렇게 우리는 수업에 대해 그 누구보다 열심히 이야기해 왔다. 그때부터 놀이 수업에 대해 계획은 어떻게 해야 하는지 놀이 수업에서 교사의 역할, 아이들의 흥미와 관심에 대해 끊임없이 고민했었다.

올해로 동아리에 참여한 지 4년차이다. 유치원, 놀이, 수업을 연구하며 그 누구보다 진지하게 열정적으로 임하고 방법을 찾아가는 우리들이다. 나는 이곳에 속하게 되어 정말 큰 자부심을 가지며, 다른 지역 선생님들을 만나면 자신 있게 말한다. 울진 동아리는 유아 교육의 모든 것을 배우게 됨을 물론이고 진짜 놀이 수업이라는 것을 찾아가고 있다고. 2019학년도에 유아·놀이 중심 교육 과정으로 개정되면서 우리가 찾아가는 놀이에 대해 응원을 받은 거 같다. 물론 동아리에서 해답을 찾기 위해 연수며 강의며 함께 듣고 또 다시 거기에 대해 토의한다.

우리는 이곳 경상북도 중에서두 작은 울진군에서 몇 명 되지 않는 선생님들이 함께 모여 쉴새 없이 치열하게 목소리를 내고 있다. 우리는 저명한 학자도 유명한 교수도 아니라서 이런 행동들을 누가 알아 줄까 생각하지만 당장 내일의 수업을 바꾸고 지금의 나만 바라보고 있는 우리 반 아이들에게 많은 영향을 끼친다고 생각한다. 그렇기 때문에 우리는 만나서 또 어김없이 유아 교육에 대해서 이야기한다. 그리고 옆에서 들어 주고 함께 느껴 주고 같이 생각한다. 이런 것들이 우리에게 가장 필요한 것이 아닐까? 지금의 나를 만들어 준 우리 동아리를 아끼고 사랑한다.

남은솔

2019학년도에 첫 발령을 받았다.

나는 울진에서 태어나 자라 왔고, 유·초·중·고의 시간을 모두 울진에서 보냈다. 당연스레 나의 희망 발령 지역 1순위는 울진이었고, 그렇게 울진에서 교사 생활이 시작되었다.

내가 첫 발령을 받은 유치원은 4명의 아이들과 함께해야 하는 곳이었고, 본·분교 유치원이 있는 곳이었다. 합격과 발령의 기쁨도 잠시. 신학기 준비를 위해 유치원으로 오자마자 연간교육 계획을 세워야 한단다. 공문도 보내야 한단다. 응? 내가? 어떻게? 뭘 하라고? 말 그대로 멘붕이었다. 신규 교사인 내가 유치원의 1년 교육 계획을? 공문? 그건 뭐야? 대학에서 그리고 임용 공부를 할 때도 그런 것은 배우지 않았는걸? 하하, 막막하다.

그때 나타난 나의 구세주, 분교 유치원 선생님이 계셨다. 경력이 많은 기간제 선생님이셨고, 내가 유치원 시·기간제 교사로 일할 때도 뵌 적이 있는 선생님이셨다. 선생님께서는 나에게 유치원에서 해 나가야 하는 모든 일들을 알려 주셨다. 지금 생각해 보면 선생님이 계시지 않았더라면 지금 고작 2년차 교사인 내가 그래도 나름은 능숙하게(?) 일을 해 나갈 수 있었을까 하는 생각이 든다. 한 학급이지만 동료 교사가 가까이 있는 나는 정말 운이 좋은 사람이라는 생각이 들었다. 동아리에 대한 이야기도 선생님께서 해 주셨다. 그리고 나는 자연스레 동아리에 참여하게 되었다.

2019년 3월, 처음 동아리 모임에 갔다. 그런데 이게 웬걸? 나에게 기록을 해 보라고 하신다. 그때 많은 선배 선생님들이 계신 곳에서 "저는 못하겠습니다!"라고 당당히 말할 수 있는 신규 교사가 어디 있겠는가…. 그렇게 나는 2019년 <나가서 놀자> 기록자가 되었다.

수업 나눔 할 자료도 만들어야 하는데 가서 기록도 해야 하고, 기록한 걸 정리해서 밴드에 올리기도 해야 한다. 그리고 이 기록은 밴드를 없애지 않는 이상 계속해서 남아 있는 자료가 된다. 솔직히 말하면 힘들었다. 부담되었다. 가기 싫었다. 선생님들의 말 한 마디 한 마디를 놓치지 않기 위해 신경을 곤두세워야 했고, 말씀하시는 속도에 따라가기 위해 열심히 펜을 움직였다. 그런데 '칭찬은 고래도 춤추게 한다' 했던가? 기록을 정리해서 밴드에 올릴 때마다 "정리 너무 잘한다!", "수고 했어요~고마워요~"라고 해 주시는 선생님들의 말씀에 느끼는 뿌듯함과 성취감은 이루 말할 수 없었다. 그리고 점점 쌓여가는 기록들의 의미와 소중함을 알아 가게 되었다.

이미 내가 동아리에 참여하기 시작한 2019년에는 울진 지역 유치원 대부분이 놀이 중심 교육 과정을 실행하고 있었고, 놀이에 대한 고민을 깊게 나누고 있었다. 유치원의 놀이 이야기를 동아리에서 나누고, 질문을 통해 서로의 생각도 나누며 놀이에 대한 방향을 함께 만들어 가고 있었다. 누리 과정이 개정되고 연수를 들으면서 '뭐야? 우리가 다 하던건데?'라는 생각이 가장 먼저 들었다. 선배 선생님들의 잘 차려 주신 밥상에 숟가락만 얹어 열심히 떠먹은 나는 '계속 이렇게 하면 되는구나'라는 생각에 너무 자랑스러웠다.

2020년 코로나19로 유치원 등원 개학이 연기되고, 원격수업을 진행하고, 학사 일정이 계속해서 수정되고…. 힘든 날들이 계속되며 벌써 12월이 되었다. 선생님들과 함께 놀이에 대한 책을 쓰기 시작했고, 내년에는 어떻게 동아리를 운영할지 이야기도 나누고, 여전히 놀이에 대한 이야기도 나누며 한 해가 지나가고 있다. "한 반에 4명? 너무 편한거 아니야?", "유치원 선생님은 뭐 하는 거 없지 않나?", "뭐 맨날 놀기만 하면 되는거 아니야?" 사람들은 쉽게 이야기들 한다. "나 하는 거 엄청 많거든요? 한번 와서 놀아 보실래요?"라는 말이 턱 끝까지 차오를 때가 많다. 어차피 이야기해도 공감하지 못하고 이해하지 못한다. 공감하고 이해해 주는 곳은 동아리뿐. 내 마음의 안식처, 내 마음의 고향이 이곳이 아닌가. 수업과 놀이에 대한 나눔뿐 아니라 유치원 교사로서 내가 가야 할 길을 그리고 내 마음까지 나눌 수 있는 동아리라는 곳이 있어 얼마나 다행인지 모른다. 동아리가 없었다면 한 학급 병설유치원에서 겪는 이 수많은 역경과 고난들을 어떻게 견뎌 냈을지 생각만 해도 아찔하다. 고작 2년차인 나는 올해도 내년도 그리고 앞으로도 쭉 동아리 회원으로서 기록자로서 열심히 나누고 열심히 이야기하고 열심히 써 나갈 것이다.

김민아

나는 교사 학습 공동체의 창단(?) 멤버다. 시작은 교사 학습 공동체? 동아리? 이런 명칭조차 없이 교사들의 필요에 의해 시작되었다. 그때의 우리는 상당히 열정적이었다. 그리고 목표는 단순했다.

'몇 개의 유치원에 배부된 저 값비싼 로봇을 전시용으로만 둘 것이 아니라 활용하자!'

지금 생각해 보면 그게 그렇게 절실했을까 웃음도 나지만, 그때의 나는 그 모임에 참석하여 한 가지라도 선생님들께 도움을 줄 수 있을 만한 수업을 연구했고, 그 모임에서 들은 로봇 활용 수업을 교실에 와서 직접 해 보면서 나름 만족도 하고, 또, '나는 왜 안 될까?' 절망도 했다.

처음에는 안내 책자에 있는 활용 방법을 적용하는 것만으로도 바빴다. 그런데 차츰 로봇에 익숙해지면서, 내가 보여 주는 방법이 아니라, 아이들이 나름대로 로봇과 노는 모습을 발견했다. 그 모습은 내게 모순적인 두 개의 고민으로 다가왔다.

하나는, '저렇게 놀다가 비싼 로봇이 고장나면 어쩌지?'

또다른 하나는, '저게 진짜 로봇 활용 수업이 아닐까?'

그래서 아이들이 나름의 방법으로 로봇을 대하고, 활용하는 모습을 수업 기록에 담았고, 선생님들과 나누다 그게 생명 교육이라고 한다는 피드백을 얻었다.

'아~ 이게 생명 교육이구나. 생명이 없는 로봇에게 아이들은 생기를 불어넣어, 이름을 부르고, 자기의 놀이에 로봇 친구를 초대하고, 또 하나의 교실 구성원으로 마음을 나누는 게 배움이었구나!'

그렇게 우리는 로봇을 매개로 시작했지만, 차츰 철학에 대해 고민했고, 아이들에게 진정성 있는 교육이 무엇인지 나누고 싶은 마음으로 바뀌어 갔다.

그렇게 교실 안에서의 문제들을 나누다가 소인수 학급의 어려움을 토로했고, 소인수의 작은 두 유치원이 정기적으로 만나서, 함께 놀고, 함께 수업을 하면 단점을 보완해 갈 수 있겠다는 데 생각이 미쳐 '함께데이'를 만들어서 하루 종일 서로의 수업과 교실을 공개하고 공유하며 평가했다.

지금 생각해 보면 '무슨 용기였나?' 싶지만, 같이 하자고 손 내밀었던 선생님의 한 마디 "애들한테 도움될꺼니까 그냥 해 보자!"

그 한 마디로 '함께데이'는 시작되었고, 교사가 바뀔 때마다 색깔은 바뀌었지만 지금도 여전히 7년째 '함께데이'는 그 명목을 이어 오고 있다.

교실 안에는 수많은 문제들이 있다. 예전에 나는 그 문제들을 내 부족함 때문으로 치부하고 그냥 껴안았다. 때론 그게 불덩어리처럼 아팠고, 얼음처럼 차가워서 짊어지기 힘들었으면서도….

그런 무너진 마음을 위로해 주는 동료, 그리고 수업에 대한 내면적인 대화는 다시 가르치고 싶은 용기를 내게 주었다.

공동체(community)는 com(함께)와 munus(선물주다, 나누다)가 결합되었다고 한다.

학습 공동체 안에서 우리는 함께 나누었다. 그리고 내게 그 나눔은 선물과도 같았다.

교실 안에서 '잘못되면 어쩌나' 하는 나의 조급함, 불안 때문에 아이들에게 주도권을 넘기지 못했던 예전의 내 모습에서, '배움은 내가 주는 것이 아니라 아이들에게서 일어난다'는 믿음으로 바뀌도록, 그래서 나만의 철학과 수업에 대한 정체성을 가지도록 공동체는 나를 성장시키고 있다.

이 글을 쓰는 이 순간에도….

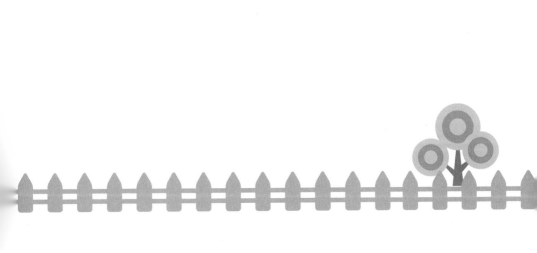

2부 줄기 ❶

유아·놀이 중심 교육 과정 실천하기

| 실내놀이 |

줄기는 유치원에서 이루어지는 실내 놀이와 실외 놀이를 다루었다. 유치원의 일상에서는 공간의 이동에 따라 주로 교실 안과 밖에서 놀이가 이루어진다. 이에 실내 놀이와 실외 놀이로 나누어 아이들의 이야기가 담긴 놀이 기록을 다루었다. 공동 저자들은 각자 다른 유치원 선생님들이고 따라서 각각의 놀이 기록에 대한 특성도 기록에 잘 드러나 있다.

폐지인가? 작품인가?

김민아

———

　유치원 교사가 갖는 직업적 특징들이 몇 있지만, 그중 꼽을 수 있는 하나는 물품의 포장지, 박스, 다 쓴 휴지의 휴지심, 플라스틱 병들을 버리지 못하는 것이다. 딱히 용도를 찾지는 못 해도 고이 간직하는 그 버릇이 나에게도 있다. 학기 초부터이다. 매일 조금씩 모이던 재활용품들…. 그런데 개학이 늦어지니 자꾸자꾸 쌓여 갔다. 어서 아이들의 손에서 재탄생되길 많이도 기다렸던 것 같다.

드디어 개학

▌재활용품과 익숙해질 시간을 갖다

첫 한 달 정도는 아이들이 관심을 보이지 않는다.

형형색색으로 유혹하는 다양한 레고 블록, 역할 놀이들에 더 관심을 보이며 모여서 논다.

실컷 놀다가 배회하며 어슬렁어슬렁 걸어다니는 종무.

그러다가 재활용품 쪽에 가서 이것저것 뒤적뒤적하며 뭐가 있는지 본다.

나 오~ 이것 좀 봐. 뭐 같아? 이걸로 뭘 만들 수 있을까?
    종무가 새로운 친구로 탄생시켜 줘 볼래?

고개를 이리저리 갸우뚱거리는 종무, 각 티슈 통과 칸쵸 통을 가지고 책상에 앉는다.

종무 붙일까요?
나   종무가 원하는대로 하는거야.

블록 영역에서 높이 쌓아지는 종이 블록을 한참 보더니 두 개를 다시 제자리에 갖다 놓고 블록 영역으로 간다.

아직은 재활용품으로 재탄생될 무궁무진한 창조의 씨앗들이 심어지지 않는다.

▌탐색하다

지우 선생님 보여요?

나 음 뭐가? 배? 배 같은데?

지우 아니에요. 잠수함이잖아요

나 아! 잠수함이네. 바닷속으로 들어가는 거구나!

지우 하늘도 날고 바다도 가고 땅에서 캠핑도 하는 잠수함이에요.

나 음… 배처럼 보이는데 땅은 어떻게 다니지?

지우 숨어 있잖아요. 여기.

나 뭐가 숨어 있는데?

지우 (고함지르며) 날개요.

지우 이거 집에 가져가도 돼요?

나 그럼~~

▌나만의 작품을 만들다

그렇게 조금씩 뭔가 만들어진다.

하지만 그렇게 만들어진 작품들이 놀이로 연결되지 않아 아쉬움이 남는다.

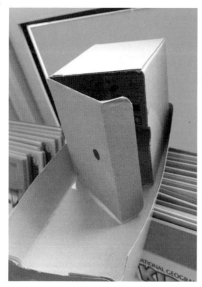

아이들이 재활용품을 이용해 만든 작품들.

친구들과 선생님께 보여주고 고이 전시하고 가져가는 아이들. 본인의 작품이 상하는 게 싫은건지….

이걸로 놀 수 있다는 생각을 하지 않는건지 물음표다.

승우가 키친타월 심과 노란 끈을 가지고 다가온다.

승우 (키친타월의 구멍을 보여주며) 머리가 비었어요.
　　 이걸로 여기에 묶어 주세요. 세게요.

나　 머리가 비어 있는 곳은 어떻게 할 거야?

승우 머리 만들어야죠.

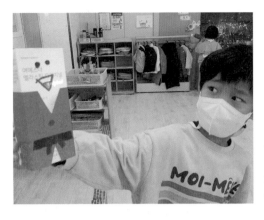

지후가 재활용품을 이용해
만든 태권도 선수.

　키친타월 심에 색종이로 옷을 입히고, 머리도 만들고 팔도 만들
었다.

▌작품에 이야기를 더하다

지후　승우~ 태권도 선수같다 잘한다.

승우　태권도 선수는 짱구라고 할 거야.

　　　(직육면체 통을 하나 들더니)

지후　합기도 친구 만들어야겠다. 흰띠 친구

　　　(네모난 색종이 가운데를 삼각형 형태로 자른 후)

지후　선생님 이거 옷 같죠? 태권도 옷 뒤집으면 바지 같죠

　　　(그렇게 또 한명의 태권 친구가 탄생했다)

지후　선생님 차 만들 거예요. 합기도차.

　　　이 친구들 태워 다니게요.

나희가 재활용품을 이용해
만든 슈퍼맨.

나   어떤 재료가 필요한지 미술 놀이에서 찾아봐.

지후 (씩씩한 목소리로) 네.

나희 저도 주세요.

나   뭐?

나희 지후 오빠 같은 거.

    (아무래도 키친타월 심을 말하는 듯하다.)

나   네가 찾아야 해. 저기 바구니에서 찾아봐.

나희 영웅 만들거예요.

나   음~ 영웅이 뭐야?

나희 슈퍼맨이 영웅이에요. 영웅은 날개 있는 거요.

    (나희가 만들기를 하러 간다.

    10여 분이 흐른 후 만들 것을 가져온다. 영웅이다.^^)

나희 이것 봐요. 쌍 날개. 두 개 날개 쌍 날개.

나　　잘 날겠네.

나희　　이렇게 날아요. 슈~~~ 나는 로봇 팔을 만들어서요.

　　　　로봇 팔은 날개 없이도 날아요.

사실은 네모난 지우개에 가운데에 파란색 띠를 두르고 그 위에

　　　검정색 점 두 개를 그린 준서.

준서　　나는 파란띠예요 쌍둥이 로봇인데 합체두 되요.

　　　　(자세히 보니 지우개가 2개다)

　　　　똑같은 모양이에요 똑같은 빛이에요

　　　　빛은 번개치는 거예요. 보트가 없는데 날 수는 있어요.

　　　　보트 만들까요?

▌놀이로 풀어 가다

처음에는 태권도였던 것 같은데… 차츰 합기도 이야기가 된다.

　　최근 우리 반 아이들 중 3명이 합기도를 다닌 영향인 듯…. 합기
도로 이야기가 흘러간다.

　　합기도 놀이로 아이들이 모였다.

　　나희와 준서가 만든 친구들이 하늘을 날며 서로 부딪친다.

준서　　핑~! 슝~ 나는 이렇게도 된다.

자신들이 만든 작품들을
가지고 노는 학생들.

나희   나도 날개 있거든

지후   야 우리 놀이하자. 이제부터 악당 없음.

        (3초 정도 정적이 흐른 후, 다시 준서의 로봇이 하늘을 난다)

지후   아니야. 이제 악당 없어.

준서   악당 아닌데. 우주선인데.

지후   얘들아 어서 와 합기도 가자 합기도.

나희   저기요 관장님 나는 보면 안 돼요?

지후   네 봐도 돼요. 3명만 볼 수 있어요.

승우   (합기도 차로 만들어진 티슈 통 옆에 빨간색으로 색칠된
        동그라미를 가리키며) 야 여기 버튼 있잖아, 버튼 누르면
        멈춰. 빨간색. 초록색은 움직이는 거.

그렇게 관장님의 전자동 버튼 차를 타고 움직여 합기도장(레고
놀이 근처)에 도착했고, 관장님의 구령 소리에 맞춰 함께 합기도 놀

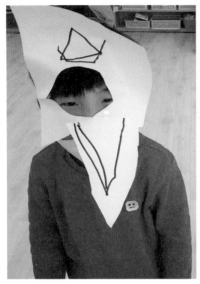

도깨비 가면과 로봇 팔을 갖고 노는 아이들.

이를 했다.

　합기도 놀이 이후에도 도깨비 가면과 로봇 팔 등이 등장하면서
유치원의 놀이를 더욱 풍성히 만들어 주었다.
　놀이를 할 때 필요한 사물, 인물을 곧잘 만들어 내는 모습을 발견
하곤 한다.

　# 2주 뒤

만들기가 이렇게도 적용되구나!

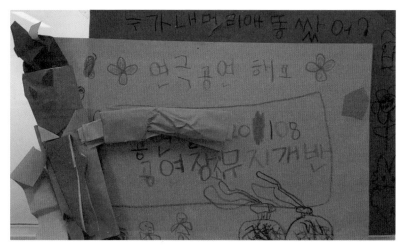
아이들이 만든 동극을 알리는 포스터.

『누가 내머리에 똥쌌어』로 총 두 번의 동극 공연을 하기로 했고,
한 번은 우리끼리, 또 한 번은 초등학생들을 초대하기로 했다.

우리끼리의 동극을 끝낸 후.

나　　초등학교 1, 2학년을 언제 오라고 하지?

채민　두 밤 자구요.

나　　왜?

채민　떨려서요.

나　　그럼 두 밤 자고 오라고 어떻게 말하지?

채혁　가서 말해요.

나　　가서 말하면 공부 시간에 방해될 수 있잖아.

채혁　쉬는 시간에 갈까요?

나희 야 그럼 없으면 어떻게 해.

　　 우리가 시간을 정해서 알려 주면 어때요?

(그렇게 동극을 알리는 포스터를 만들기로 한다.)

나   무슨 말이 들어가야 할까?

채민 똥 쌌어 동극한다고 말해요. 두 밤 자고요.

나   좋아. 그런데 우리 교실로 오라는 말도 해야 해. 누가 써 주
　　 지?

나희 지후 오빠가 써요, 글자.

승우 우리 만들기 잘해요. 만들기 해서 교실로 오라고 해요.

나   할 수 있어? 만들기로?

그렇게 포스터 만들기를 시작했고 완성된 포스터는 어느 때보다
입체적이면서 개성이 넘치는 포스터가 되었다.

'만들기가 이렇게도 적용되는구나!'

내 눈에는 여느 닥종이 공예보다 대단해 보인다. 그냥 조몰락조몰락했는데, 움직임이 있는 입체 친구 하나가 태어났다.

"우와~~"

나의 탄성이 계속 더해진 건 의도한 바가 아니었다. 진심 어린 탄성이었다.

아이들이 스스로를 알아 가는 시간, 자신의 능력과 개성을 드러내는 시간, 어쩌면 한계조차도 스스로 알고 인정할 기회! 그 시간이 진짜 놀이라고 생각한다.

재활용품이 놀이가 되기까지 근 4개월의 시간이 흐른 것 같다.

'느림'

관찰하고, 생각하는 시간, 우린 그 시간을 기다려 주는 것이 어려울 때가 많다. 이런 수업은 짧게는 한 주만에도 충분히 시작되고 마무리 지을 수 있었을 것이다.

하지만 넣어 주는 게 아니라 기다려 주고, 유아 스스로 도전하고, 깨우치는 그 과정이 진정한 배움이라고 확신하며, 그렇게 인내를 경험했다.

느림의 미학 덕분인지 우리 반 아이들은 지금도 아침에 오면 재활용품을 쌓아 놓은 영역에 가장 먼저 서성인다. 매일 달라지고, 예상하지 못한 것들을 만날 수 있는 영역! 그곳에서 새로운 생각들이 달릴 준비를 한다.

우리 반 동극 이야기

김미화

5월 가족과 관련된 책을 생각하다가 『해님달님』 동화책이 생각이 났다. 동화책 선택에는 큰 의미는 없었다. '그냥?', '익숙해서' 정도의 이유…. 하지만 올해는 동화책으로 무언가를 해 보고 싶다는 생각이 문득 들었다.

우리 반은 16명의(여자 7명, 남자9명) 아이들이 있으며, 항상 시끌벅적~ 여자 아이들도 에너지가 넘친다. 그래서인지 다툼도 많이 일어난다. 그리고 여자 아이들 중에는 은근히 따돌림을 당하는 아이도 있다. 대부분의 아이들이 자기 중심적이고 내 것! 나 혼자! 내가 먼저! 항상 이런 식이다.

'아이들이 함께 즐겁게 지냈으면 좋을텐데, 내가 무엇을 해야 할까?'라는 고민이 생겼고 '동극을 해 볼까?'라는 생각으로 시작된 동극이 무려 한 달이나 지속이 되었다. 사실 동극으로 아이들의 관계와 모습이 나아질 거라는 확신은 없었다. 함께 무언가를 같이 준비해 본다면 의견을 조율하는 방법이나 평소에 친하지 않던 친구와 이야기를 해 본다던가 '지금보다는 아주 조금은 나아지지 않을까?'라는 작은 기대를 가지고 시작하였다.

▌5월 20일 월요일, 동극을 처음 마주한 날

아이들과 동화책을 읽고 "얘들아 우리 동화책으로 동극해 볼래?" 나의 제안에 "동극이 뭐예요?", "싫은데….." 아이들의 반응이 그닥 시원치 않다. 순간 '하지말아야하나?'라는 생각이 들기도 하였지만 관심을 보이는 몇몇 아이들이 있었다. 그래서 난 간단히 동극에 대해서 설명해 주고 하고 싶은 친구들만 참여하기로 제안했다. 나와 아이들은 동극을 해 본 경험이 없었기 때문에 무엇이 필요하며 어떻게 하는지 몰랐다. 우린 서로를 의지하며 긴 대장정의 첫 발을 내딛었다.

나 　동극에는 필요한 것들이 많아, 우선은 배경이 필요하고
　　　역할을 맡은 사람을 나타내 주는 머리띠나 옷이나 이름
　　　표가 꼭 필요해, 그리고 역할을 맡은 사람들은 배우처럼

연기를 해야 되기 때문에 보고 읽을 대본도 필요해. 동화
책에는 어떤 주인공들이 나오지?

아이들　호랑이, 엄마, 오빠, 여동생

역할, 배경, 소품은 아이들과 함께 준비하는 것으로 결정하였고
대본은 내가 정리하기로 하였다. 동화책을 보면서 필요한 배경(산,
초가집 그리고 나무)도 결정했다. "선생님 초가집은 진짜 사람이
들어갈 수 있게 만들어요." 재희가 이야기한다 "그럼 사람이 들어
갈 수 있으려면 집을 세워야겠네. 집을 어떻게 세우지?"나의 질문
에 아이들은 생각에 잠기지만 의견이 나오지 않는다. 나는 박스를
이용하여 만들기를 제안하였고 다음 날, 재활용 박스 더미에서 쓸
만한 것을 찾아보기로 하고 마무리하였다.

▌5월 21일 화요일, 동극 배경 만드는 날

박스를 구하러 가자는 나의 제안에 3명의 아이가 따라나선다. 냉
장고 박스가 필요했으나 없어서 크기가 제법 큰 박스 여섯 개를 들고
교실로 왔다. 놀이 시간 후 만들고 싶은 아이들로 팀을 나눴는데, 아
이들이 많이 몰리는 곳은 나의 회유책으로 적당하게 3, 4명씩 조정하
였다. 활동에 참여하기 싫어하는 아이들은 방해되지 않는 선에서 자
유 놀이를 했고 나는 초가집 팀을 돕기로 하였다.(초가집은 세워야 되
니깐) 자유 놀이를 하던 아이들 중에서 하나둘 우리 쪽으로 와 구경

을 하더니 참여하고 싶다는 아이들도 생겼다. 그림을 그리고 싶어 하는 얼굴이라 "하고 싶으면 그 팀에게 물어봐~ 된다고 하면 같이 해도 돼" 라는 나의 말에 씨익- 웃고는 친구에게 묻는다 "나도 해도 돼?"

"와 ○○아, 너 그림 진짜 잘 그린다."
"여기는 다람쥐가 사는 구멍이야."
"나무 더 크게 그릴까?"
- 나무 팀 대화

"선생님 진짜 초가집처럼 그렸어요."
"그런데 초가집이 무엇이에요?"
- 초가집 팀 대화
"(한 명이 혼자서 초록색으로 종이 전체에 색칠을 하려고 하니) 야 그렇게 하면 색칠이 오래 걸려."
"나눠서 하자."
"그런데 초록색으로 다 색칠하니깐 진짜 산 같아."
- 산 팀 대화

일주일 안에 준비와 공연을 해야 되니 일정이 빡빡하다. 모든 아이들에게 오디션 날짜를 알려 주고 참여할 사람은 준비하라고 일러두었다.
동극을 시작한 이유는 '함께하는 즐거움' 때문이었는데, 촉박한 시간 때문인지 나는 점차 동극의 목적을 잊어 갔다. 우리 반 동극, 잘 가고 있는 걸까?

▌5월 22일 수요일, 동극 배경 만드는 날

오디션을 위한 특별한 준비는 없었고 오디션에 참여하지 않는 친구들이 심사위원이 되어 참여자를 선정하는 방법으로 진행되었다. 선택의 기준은 '제일 잘한 아이'가 아니라 '제일 실감나게 표현하는 아이'였다. 아이들 시선에서 실감 나는 주인공들이 선정되었고 해설자와 무대 관리자도 뽑았다. 선정되지 못한 아이들 얼굴에는 아쉬움이 가득하다.

▌5월 23일 목요일, 첫 공연 날

우리의 첫 공연이 끝났다. 해설자, 배우, 무대 관리자 들은 몸에 충분히 익히지 못한 상태이고 나와의 사인이 맞지 않아서 매끄럽게 진행되지는 못 했다. 그래 모든 일에는 충분한 준비 시간이 필요하지…. 내 기준에선 완성된 동극은 아니었지만 아이들은 즐거웠나보다. 공연이 중간에 끊기고 대사를 제대로 못 해도 엉뚱한 소리를 해도 무대 관리자가 빼꼼~ 쳐다봐도 까르르~ 웃음이 끊이질 않는다.

◎ 좋았던 점 - 연기 해 본 점 / 웃김 / 호랑이 연기

◎ 아쉬운 점 - 목소리가 잘 안 들린 점

◎ 고쳐야 될 부분 - 해설자의 목소리가 잘 안 들림 / 연기자들이 해설자의 말을 듣지도 않고 연기를 했음 / 연기자가 앉아 있어서 안 보임

첫 동극 후 사용한 소품은 교실에 그냥 두었더니 그 소품으로 아이들끼리 동극 놀이를 하였다. 또 몇몇 아이들은 동극을 한 번 더 하자고 제안하기도 했다. "애들아 동극 더 할까?"라는 나의 제안에 아이들은 "네!!!!"라고 많은 관심을 보였고, 두 번째 공연을 위한 준비를 시작하였다. 역할 선정 방법에 대해 아이들과 의논이 필요했다. 가위바위보를 하자고 한다. 방법이 썩~ 마음에 들진 않았지만 그냥 가 본다. 새롭게 역할도 정하였고 공연 날까지 일주일 정도의 연습 시간이 생겼다. 나는 놀이 시간에 아이들 대사 연습을 봐 주고 함께 소품을 정리하였다. 일주일 동안 나와 아이들은 동극을 위해 서로의 마음을 하나둘씩 맞춰 가고 있었다.

▌5월 31일 금요일, 두 번째 공연 날

역시 충분한 준비 시간은 두 번째 공연에서 빛을 발했다. 배우들의 대사나 해설자의 설명 그리고 무대 관리자들의 동선이 모두 잘 이루어졌다. 나도 만족하고 아이들은 더 즐거웠던 두 번째 공연 후 정국이가 특별한 제안을 했다.

정국	선생님 동극 너무 재미있어요. 우리 누구 초대해서 동극 또 해요.
나	누굴 초대할까?
민호	엄마, 아빠를 초대해요
수근	야, 엄마 아빠 일하는데 어떻게 유치원에 오냐?
나	그래 부모님들은 일하시니 유치원에 오시는 건 좀 힘들 수도 있겠다. 대신 너희 동극을 영상으로 찍어서 보여 드리면 어떨까?
아이들	좋아요!

우리 반 아이들은 동극에 이미 푹~ 빠져 있었다. 이대로 끝내면 너무 아쉬울 것 같아서 난 판을 크게 벌이고 싶었다. "애들아 부모님말고 누굴 초대하면 쉽게 올 수 있을까?"라는 나의 질문에 '원장 선생님, 초등학교 형님들, 동생 반' 이야기가 나왔고 최종으로 동생 반을 초대하기로 하였다. 마지막 역할 선정도 또 가위바위보로 정하자고 한다. 방법이 너무 마음에 들지 않지만 이번에도 해 보자!

동생 반을 초대하는 날은 6월 13일이다.

최종 공연 전까지 아이들과 2주 정도 소품을 정비하고 연기자들은 연습할 시간도 가졌다. 찢어진 배경은 테이프로 붙이고 초가집도 고쳤다. 그리고 아이들이 놀이 시간에 만든 풀잎도 동극에 사용하기로 했다.

　연기자들의 연기도 한번 다시 점검했다. 호랑이 역에는 제일 못 미더운 수근이가 선정되었고 나는 속으로 '어떡하지? 되겠나?' 내심 걱정이 앞섰다. 수근이는 우리 반에서 생일이 가장 늦은 남자 아이다. 아는 한글이라곤 본인 이름 석 자뿐이며 그냥 순수하다. 매일이 그냥 즐겁고 뭘 배우고자 하는 의지도 없고 놀기만 좋아한다. 이런 수근이가 동극에 가장 핵심 역할인 호랑이 역이라니!! 좋은 선택인가? 고민스럽다.

　하지만 나의 이런 고민이 무색할 정도로 리허설 날 최고의 연기를 보여주였다. 대사는 물론 익살스러운 표정 연기까지….

　한편, 이번 동극에 참여하지 못한 아이들은 얼굴에 아쉬움이 가득하다. 공연에 참여할 수 없다면 다른 방법으로 참여하도록 지원하고 싶었다.

나　　우리가 동생들을 초대하잖아, 우리가 공연을 보여 주는 거 말고 또 무엇을 할 수 있을까?

세호　팝콘, 팝콘이 필요해요

재석　영화표도 만들어요

나　　그리고 우리가 동극하는 걸 동생들에게 어떻게 알리지?

호동　가서 이야기해요?

나는 포스터를 생각하고 질문을 던졌는데, 우리 아이들은 포스터를 본 경험이 없는 듯싶다. 급하게 컴퓨터로 포스터를 찾아서 보여 줬다.

> 나   애들아, 영화는 이런 포스터를 만들어. 많은 사람들에게 말
>   로 이야기하거나 편지를 쓰는 게 힘들기 때문에, 이런 포스
>   터를 만들어서 벽에 붙이고 TV나 인터넷으로 광고를 한데.
> 아이들 우리도 만들어요.

아이들은 포스터를 만든다는 생각에 들뜬 모습이었다.

동극에 참여하지 않는 아이들 중에서 팝콘 판매자, 좌석 안내자, 매표원을 정하였고 동극 현수막과 포스터는 만들고 싶은 아이들이 만들기로 하였다. 내가 준비해 줘야 될 것은 팝콘, 그릇, 연극 표 틀이었다.

어느 순간 나도 아이들의 마지막 공연이 기대되기 시작하였다. 일주일 안에 이루어진 첫 공연은 마무리를 해야 되어 다른 것들을 생각할 여유가 없었다. 하지만 긴 호흡으로 변한 지금은 나부터 여유를 찾기 시작하고, 아이들을 다그치기보다는 응원하고 있었으며, 지적하기보다는 지원을 하고 있었다.

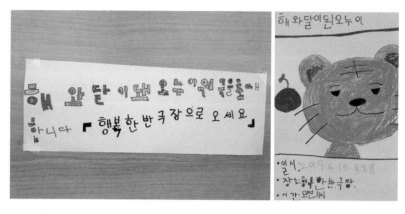

동극 현수막과 포스터.

6월 12일 수요일, 최종 리허설

각자의 위치에서 준비 중이다. 공연에 참여하지 않는 아이들이 관객이 되어서 공연을 감상하였다. 공연은 제법 진지하게 진행이 되었고 클라이막스인 호랑이가 떨어지는 장면에서 수근이는 정말 배꼽이 빠질 만큼 실감나게 표현을 하였다.

'내일 공연 잘하는 거 아냐?'

6월 13일 목요일, 동극 공연날

드디어 대망의 동극 공연 날!

동생들이 하나둘씩 유치원 교실로 들어오기 시작한다. 매표원들이 표를 검사하고 팝콘 판매자는 팝콘을 나눠 준다. 좌석 안내

동극 공연 날.

자의 안내에 따라서 동생들이 자리에 앉기 시작한다. 공연이 시작
되었다.

순조롭게 잘 진행된다 싶었는데, 오 마이 갓! 수근이가 갑자기 애
드립을 하는게 아닌가! 수근이의 애드립으로 공연이 순간 웃음 바
다가 되어 버렸다. 그 이후의 공연을 차마 말로 하지 않아도…. 공
연이 끝난 후, 준비한 우리 반 모든 아이들 16명이 앞으로 나와서
관객들에게 인사를 했다. 동생들이 직접 준비한 꽃다발을 줌으로써
공연이 근사하게 마무리 되었다. 공연 후 아이들은 나에게 다음과
같이 소감을 말해 주었다.

"우리 다음에는 다른 동화책으로 공연하자, 초등학교 형님들도
초대하자."

"초등학교 형님들 오면 교실이 너무 좁아. 그럼 어떻게 하지?"

"그럼 강당에서 하면 되잖아."

"동생들 오니깐 진짜 떨렸어요."

첫 도전은 성공적이었다. 또한 나도 아이들도 도전이었던 첫 공연과 모든 아이들이 각자의 역할을 맡고 마무리를 잘 지은 마지막 공연까지 다시 생각해 보니 모두 다 나름의 의미가 있는 공연이었다. 첫 공연은 교사로서 첫 도전을 어떻게든 마무리했다는 만족감과 자신감을 얻을 수 있었고, 마지막 공연은 아이들이 하나가 되었다는 뿌듯함을 느낄 수 있었다. 그리고 최종적으로 이번 경험을 통해서 나는 아이들과 시도하는 많은 도전들을 고민 없이 시작할 수 있게 된 듯하다. 그 도전의 끝이 만족스럽든 만족스럽지 않든간에….

　평소에 나의 신뢰를 받지 못한 수근이가 주인공이 되었을 때 들었던 불안감과 순간 '주인공을 바꿔야 되나?'라는 생각들…. 내가 교실 속에서 참 많이 속단하고 있음을 느낄 수 있었다. 만약에 나의 불안감으로 주인공을 바꿨더라면 웃음이 넘치는 공연으로 마무리를 할 수 있었을까?? 수근이 '때문에'가 아니가 '덕분에' 최고의 공연이 된 듯하다.

　놀이 중심 교육 과정에 비춰 보았을 때, 교사 주도로 시작하였고, 전 과정에서 교사의 제안이 많이 들어갔기 때문에 누군가 보면 '놀이 중심 교육 과정이야?'라는 생각이 들 수도 있다. 나 또한 이 수업에 대해서 '이건 기존에 하던 동극 수업이 아니에요? 왜 놀이 중심 교육 과정이에요?'라고 질문을 해 온다면 확신에 차서 '네'라고 대답하기는 어렵다. 사실 나는 아직도 놀이 중심 교육 과정을 어떻게해야 하며, 무엇을 해야 하는지 잘 모르겠다. 하지만 이 수업 사례를 소개한 이유는 교사가 모든 것을 이끌어 가야 된다는 의무감을 조금은 덜어 내고 아이들을 믿고 따라가며, 오랜 시간 함께 협의했던 첫 경험이었기 때문이다. 놀이 중심 교육 과정은 가장 기본이 아이들에 대한 믿음이지 않을까? 모든 과정이 힘들고 끝이 멀더라도 우리 아이들을 결국에서 잘 해낼 것이라는…. 우리 반 동극활동을 통해서 나는 처음으로 아이들을 믿어 보기로 했다.

〈학교 가는 길〉 노래 만들기

손은실

▌시작하면서

우리 학교는 초등 45명, 유치원 12명의 아이들이 있는 작은 시골 학교이다. 1학기때 3학년이 먼저 리코더로 〈학교 가는 길〉을 연습했다. 평소대로라면 연습해서 학교 행사, 동요제 같은 곳에서 공연을 했을 테지만 이번에는 코로나19로 기회가 없었다. 그러다가 5학년도 하고 싶다고 함께 연습하게 되었다. 방학하기 며칠 전, 3학년이 1학년 동생들에게 교실로 찾아가서 연주해 줬다. 2학기 때 좀더 여러 곡 연습해서 기악 합주도 하고 싶다는 이야기를 교무실에서

노랫말을 만들기 위한 이야기 나누기.

선생님들과 하다가 그럼 유치원생은 악기 연주는 어려우니 노랫말
을 붙여 볼까라고 제안했다.

원곡은 피아노 연주곡이라 노랫말이 없다. 아이들에게 이야기했
더니 좋다는 반응이다. 그러나 어떻게 노랫말을 붙여야 할지와 어
떻게 시작해야 할지를 고민하다가 시간을 놓치고 개학 이후까지
이어졌다.

일단 아이들의 이야기 속에서 노랫말이 나와야 하겠기에 질문을
해 보기로 했다. <우리 유치원에 오면>이라는 주제로 그림도 그려
볼까 생각했는데, 그것보다는 여러 날에 걸쳐 질문하고 아이들에게
서 많은 이야기를 모으는 게 더 낫겠다 싶었다.

● 함께한 기간: 2020. 7.~ 2020. 9.

▌노랫말 만들기

● 질문하기

하나. 유치원 올 때 무얼 봤니?

둘. 유치원 올 때 기분이 어땠니?

셋. 유치원 오면 제일 하고 싶은게 뭐니?

비오는 날에 유치원에 오면서 무엇을 보았니?

강에 물이 넘쳤어요/ 바다로 흘러갔어요/ 우리 집 논에도 물이 찼어요/ 흙탕물이 됐어요/ 놀이터에 물이 많아졌어요/ 우산 쓰고 돌아다녔어요/ 거미줄에 비 내리면 진짜 예쁘다/병아리가 튀어나왔어요(산책)/

유치원에 오면서 무엇을 보았니?

고추잠자리, 올챙이, 우렁이 알, 개구리 봤어요/ 논길로 언니, 오빠랑 와서 좋았는데 큰 독개구리 봤어요/ 바다가 멋졌어요/ 조금 반짝반짝했어요/ 왕피천 봤어요. 물이 잔잔했어요/ 아침에 올 때 야옹이를 만났어요/

월요일 아침. 유치원에 오면서 무엇을 보았니?

숲속 유치원이 업그레이드 되었어요/ 바닥에 그림 그려 놨어요/ 나무놀이터도 있어요/ 그네 타면서 구름도 새도 봤어요

유치원에 오면 무엇을 하고 싶니?

바깥 놀이 언제 가요?/ 돋보기로 버섯도 구웠어요/ 잡기 놀이가 제일 재밌었어요/ 꽃잎으로 마법의 약을 만들었어요/ 그네 타면 무서우면서 재밌어요/ 삼척에서 그네타면 아파트가 보이고 유치원에서 그네 타면 구름이 보여요/ 그네 타고(하늘) 구름을 봐요/ 나무놀이터에서 놀아요/ 그림 그리기를 하고 싶어요/ 놀이터에서 잡기 놀이 했어요/ 인형 놀이 해서 좋았어요

유치원에 올 때 기분이 어땠니?

햇빛만 있어서 너무 더웠어요/ 저는 신났어요/ 유치원에 가서 빨리 놀아야지/ 친구들이 많아서 좋아요/유치원 올 때 유솔이 만나서 기분 좋았어요

● 아이들의 말을 섞기

아이들의 말 속에 <비가 오는 날>이 있었고 <햇빛이 있는 날>이 있었다. 이 주제로 정리하면 되겠다 싶어서 섞었다. 그 다음은 우리 학교에는 스쿨버스 석 대가 있다. 각각 오는 방향이 다르고 논길 따

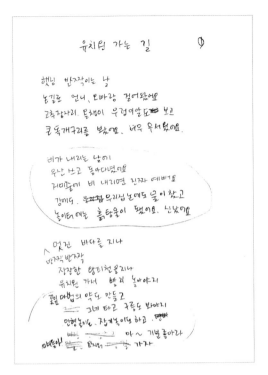

아이들에게 질문하여 노랫말을 구상했다.

라 걸어오는 애들까지 나누면 그곳에 본 것이 모두 다를 것이다. 학교 바로 옆이 논길이고 그 옆은 왕피천이고 왕피천을 따라 바다로 이어진다. 아침 바다를 보고 오는 애들이 찬준, 민준, 현준이다. 그리고 애들은 자연스럽게 왕피천을 따라 오게 되고 왕피천을 보며 출발하는 아이들도 있다. 그 말들을 후렴구로 넣어 주면 좋겠다 싶었다.

● 곡에 맞춰 정리하기

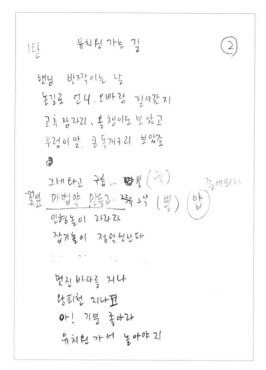

구상을 토대로 노랫말을 정리했다.

생각보다 곡에 맞춰 정리하니 모두 넣을수가 없다. 일단 1탄(절)을 정리해서 아이들에게 읽어 주었더니 좋다고 한다. 슝~ 뿅~얍, 으악… 이런 단어들은 아이들이 택하게 했다. 아이들이 일단 좋다고 해서 교무실로 옮겨 와서 자랑했다.

● 노랫말 정리하기

학교 가는 길

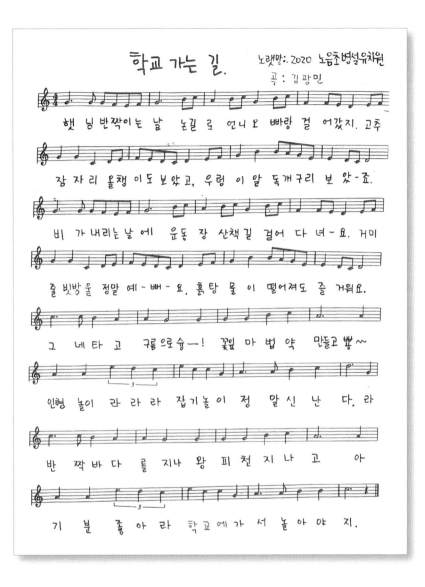

곡: 김광민

노랫말: 2020 노음초 병설유치원 달님반

만든 날: 2020. 8. 28.

햇님 반짝이는 날
논길로 언니, 오빠랑 걸어갔지
고추잠자리, 올챙이도 보았고
우렁이알, 독개구리 보았죠.

비가 내리는 날에
운동장 산책길 걸어다녀요
거미줄 빗방울 정말 예뻐요
흙탕물이 떨어져도 즐거워요

그네 타고 구름으로 슝~~
꽃잎 마법약 만들고 뿅!
인형 놀이 라라라 잡기 놀이
정말 신난다
라! 반짝 바다를 지나
왕피천 지나고
아~ 기분 좋아라
학교에 가서 놀아야지.

교무실에서 1학년, 6학년 선생님들과 노래를 부르며 좀 다듬었다. 1절, 2절을 도돌이표 때문에 함께 부르면 되었다. 몇 번 연주에 맞춰 불러 보고 6학년 샘이 못갖춘마디에 대해 좀 어색하다고 노랫말의 박자를 바꿔 주었다. 몇 번 불러서 완성하고 악보에 정리했다. 이 노래를 다음 주부터 연습을 하려고 한다. 그리고 3~6학년 기악 합주나 리코더 연주에 맞춰 노래 부르는 상상을 해 본다. 이 노랫말을 만드는 과정은 아이들보다 내가 더 신났다. 모두 같이 부르기 위해 <유치원>에서 <학교>로 바꿨다.

▌소감

1~6학년들에게 악보를 나눠 주었다. 학부모에게도 배부했다. 며칠 지나니 복도에 아이들이 노래를 부르며 지나간다. 그 노래를 들을 때 살짝 감동이 있었다. 노랫말을 선택하고 섞는 과정은 교사인 내가 많이 했지만 어쨌든 아이들과 역할을 나눠서 함께 만들었다는것에 의미를 두고 이 노래를 초등 아이들과 함께 부를 수 있다는 것에 의미를 둔다.

지금은 3~6학년은 <학교 가는 길> 기악 합주를 연습 중이고 유치원과 1~2학년들은 노래를 연습하고 있다. 그래서 곧 만나 어우러지는 것을 상상해 본다.

8월 25일 다 함께 공연을 하기로 한 날. 내 개인적인 사정으로 대체 교사가 들어가는 바람에 나는 그때의 느낌을 알지 못한다. 아이들이 일단 공연하는 분위기에 좀 긴장했고 목소리가 크게 나오지 않았다고 한다. 12월쯤 다시 한 번 공연을 할 예정이다. 3~6학년이

<학교 가는 길>과 <할아버지 시계> 외에 또 연습하는 곡이 있고 유치원생도 그때 한 번 더 노래를 부를 계획이다. 작은 공연이 이어지고 이어져서 마지막에는 함께 공연하는 것이 좋을 것 같다.

이것도 놀이야

따로 또 같이, 종이컵 놀이

유재은

11명의 학급 인원 중 다문화 가정 아이들이 7명으로 다문화 가정의 자녀 비율이 높은 편이라 또래 아이들에 비해 언어적인 표현력은 조금 부족하지만 자기들만의 놀이를 잘 만들어 가며 즐길 줄 아는 아이들이다. 이 아이들에게 개방적인 놀잇감으로 종이컵을 제시해 주었다. 아이들은 "이걸 왜 갖다 놨어요?"라고 물을 뿐, 그다지 흥미를 보이지 않았다. 교사가 아이들 옆에서 종이컵으로 성을 쌓으며 노는 모습을 보이고 "또 뭘 만들어 볼까?"라고 혼잣말을 했다.

종이컵 놀이 1차

창진이가 종이컵을 꺼내어 한 줄로 세웠다. 그러자 다른 아이들
도 함께 모여 같이 쌓는다.

지민 이거 발로 막 부수자!
아이들 좋아!
교사 발로 부수는 거 말로 다른 방법은 없을까?
아이들 ….
교사 공을 굴려서 무너뜨리는 건 어때?
창진 그래, 공으로 하자.

창진이가 탁구공을 들고 오자, 화연이, 지민이, 연희도 탁구공을
들고 왔다.
탁구공을 종이컵 쌓은 곳에 던지고 종이컵이 무너지자 아이들이
"와~~!!" 함성을 질렀다.
다시 쌓았다.
이번엔 손으로 마구 쳐서 종이컵을 쓰러뜨리고 다시 아이들은
"와~" 함성을 질렀다.

종이컵을 갖고 노는 아이들.

▍종이컵 놀이 2차

　아이들이 할로윈 퍼레이드를 준비하는 동안 지선이는 혼자서 종이컵을 가지고 놀고 있었다. 세 가지 색깔의 종이컵 중 보라색 컵에 돌을 넣고 컵을 이러저리 돌리더니 교사에게 돌이 들어 있는 컵을 맞춰 보라고 했다. 교사가 "보라색 컵에 있지."라며 계속 정답을 맞추었고, 다음엔 지선이가 빨간색 컵에 돌을 넣고 돌린다. 교사는 "빨간색 컵에 있지."라며 맞추었다. 교사가 계속 정답을 맞추자 지선이는 교사가 어떻게 맞추는지 어리둥절해했다.

　교사　선생님이 어떻게 계속 맞추는지 신기하지?

　지선　(고개를 끄덕임)

　교사　선생님은 네가 어느 색 종이컵에 넣었는지, 종이컵 색깔을 봤거든. 네가 보라색 컵에 돌멩이를 넣을 땐 보라색이라고

종이컵에 돌을 넣고 이리저리 돌리며 노는 지선이.

       맞췄고, 빨간색 컵에 넣을 땐 빨간색이라고 맞췄지.

지선   ….

교사   지선이가 똑같은 색깔의 컵에 돌멩이를 넣었으면 선생님
이 헷갈렸을텐데….

   지선이는 보라색 컵 세 개를 가지고 왔다.

   세 개의 보라색 컵 중 하나에 돌멩이를 넣고 이리저리 컵을 돌리
더니 다시 맞춰 보라고 했다. 느리게 돌려서 어느 컵에 들어있는지
알았지만 교사는 모르는 척하고 틀려 줬다. 신이 난 지선이는 "야!
황원찬! 이거 봐봐." 하며 원찬이를 불렀다.

놀이 중심 교육 과정의 수업이 확대되며 유아들에게 개방적인 장난감을 제공하고자 하는 붐이 일었고, 그러한 자료 중 하나가 종이컵이었다. 나도 그 붐에 동참하며 우리 반 아이들은 종이컵으로 얼마나 다양한 놀이를 할지 궁금했다. 하지만 나의 기대와는 달리 며칠이 지나도 아이들은 종이컵에 흥미를 보이지 않았다. 교사가 종이컵을 갖고 노는 모습을 보고, 한 아이가 종이컵에 흥미를 보이며 다가와 놀자 다른 아이들은 친구의 놀이에 흥미를 보이고 다가왔다. 아이들은 교사가 하는 어떤 활동보다도 또래가 하는 활동에 더 흥미를 보이고 함께 하려고 했다. 우리 반 아이들의 대부분은 종이컵을 활용해 구성하는 놀이보다는 단순히 쌓고 부수는 놀이를 즐기는 모습을 보였다. 다른 유치원에서 보였던 멋지고 근사한 성을 쌓거나 가위바위보를 해서 컵을 뺏는 놀이 등은 볼 수 없었다. 컵을 쌓고 발로 부수는 놀이를 하길래 "공을 굴려서 무너뜨리는 건 어때?"라고 다른 방법도 시도해 보도록 제안을 했지만 아이들은 공을 던져서 부서지는 걸 보고 함성을 질렀다. 우리 반 아이들은 쌓여 있던 종이컵이 팡 터지며 흩어지는 모습에서 쾌감을 느끼고 즐거움을 느끼는 듯 보였다.

　그 속에서도 유일하게 지선이는 조용히 한 쪽에서 컵 속에 돌멩이를 넣고 어느 컵에 돌멩이가 들어 있는지 맞추기 놀이를 했다. 돌멩이를 넣는 컵의 색깔이 모두 같아야 상대방이 찾기 어려울 것이라는 것까지는 알고 있지 못했기에 교사의 스캐폴딩이 필요했다.

　이렇듯 똑같은 재료를 가지고도 유치원의 특성과 아이들의 기질, 놀이의 취향 등에 따라 아이들의 놀이가 다르게 나타난다. 교사가 놀이를 제안할 수는 있지만 그 제안을 받아들이는 것은 오로지 유아들의 몫인 것 같다. 그리고, 놀이를 통해 유아의 사고 과정을 한 단계 뛰어넘는 과정이 일어날 수 있음을 새삼 다시 한 번 느끼는 기회였다.

네모난 세상

이유정

색종이는 손바닥만한 크기에 손에 잡기 쉽고 두께도 얇아, 접을 때도 오릴 때도 힘들지 않고 멋진 작품을 만들기에 최고의 재료이다. 그 무엇보다 색종이의 가장 큰 매력은 색깔이 화려하고 다채롭다는 점이다. 하늘 아래 같은 색상은 없다고 알록달록 예쁜 색, 금박, 은박에 꽃무늬 요즘은 동물 무늬까지 있어, 내가 봐도 마음을 빼앗기는데, 아이들 역시 연신 감탄사를 내뱉는다. 그래서 어느 유치원을 가나 교실 한곳에는 늘 플라스틱 색종이 정리함이 있어 편리하게 사용 가능하도록 해 두었다. 처음엔 이름이 붙여진 정리함에 미술 재료들을 빠짐없이 넉넉히 채워 넣었다. 매직이면 매직, 색연필이면 색연필, 당연히 색종이도 통에 칸을 질러 칸마다 색색깔의 색종이를 넣어 놨다. 아이들은 때때로 색종이를 한 장씩 꺼내 그림을 그리기도 하고 테이프와 풀을 이용해 자신이 만들고 싶어 하는 물건을 뚝딱 만들어 내기도 했다. 그리고 종이접기 책을 함께 놔둬 책을 보며 한 단계씩 따라 접기도 하는데, 요즘은 종이접기 책보다는 유튜브가 역시 대세다.

서연　선생님! 네모 아저씨 틀어 주세요. 네모 아저씨 새 접기인데 날개가 움직이는 새 접기예요.

네모아저씨 유튜브를 보고는 곧잘 따라하지만 놓쳐 버리기 일쑤였다. 그럼 그 전으로 돌려 주기도 하고 느리게 재생해 주면 멋진 새를 완성한다.

색종이는 한 장 쓰고 나면 다른 것을 만들기엔 어려운 일회성을 가지고 있다. 쉽게 구겨지고 회복이 어렵고 다른 재료에 비해 양이 넉넉하여 쉽게 새로 꺼내 쓴다. 버리기 아까운 아직 깨끗한 색종이는 다시 생명을 불어넣어 주고자 재사용을 권유하지만 턱도 없었다. 아이들과 함께 이야기하여 색종이가 필요할 때 언제든 받아 가기로 했다. 필요할 때, 개수도 정해져 있지 않아 매일 아침마다 아이들은 색종이를 받아 가는 것이 일과가 되어 버렸다.

서연　종이 좀 주세요.

실비 검은색 두 장이요.

　아이들이 가져간 색종이로 하는 놀이를 나는 따라가게 되었다. 비행기를 만들어 교실 속에서 날리기도 하고 색종이를 포개어 붙여 스마트폰이라며 만들어 가지고 다녔다.
　어느 날은 서연이와 실비가 각각 색종이 넉 장이 필요하다며 색깔도 심사숙고하며 골라 갔다. 색종이로 민트초코 맛, 딸기 맛, 바나나 맛 아이스크림을 만들었다. 접어서 아이스크림 콘 모양을 만들고 체리를 그려 넣어 먹음직스럽게 만들어 냈다. 곧 이렇게 만들어진 아이스크림 색종이로 아이스크림 가게 놀이를 하기 시작했다.

서연 자 아이스크림 팝니다. 돈 가져오세요 돈.

　다른 친구들은 줄을 서며 놓여 있는 아이스크림을 골라 숫자 블록으로 아이스크림을 샀다. 블록으로 꾸며진 아이스크림 가게에 오려진 색종이 한 장이 아슬하게 붙어 있었다.
　'WO'
　이게 도대체 무엇인지 알 수가 없어 결국 물어보았다.

서연 노우(NO), 가게 안 한다는 뜻이에요. 지금 가게 안 해요.

　가게 문 앞에 붙여진 팻말을 색종이에 써 넣어 붙였던 것이다.

이렇게 색종이는 안 되는 게 없다. 필요한 모든 것이 될 수 있는 색종이 덕분에 아이들은 무슨 놀이든 다 할 수 있는 것이다. 아이들이 색종이에 서툴지만 또 그래서 완벽하게 생명을 불어넣어 주었다.

지금도 아이들은 매일 아침마다 색종이 박스 앞에서 가져갈 색종이의 색깔과 개수를 곰곰이 생각하다 색종이를 가져간다.

억수   색종이 한 개 주세요.
교사   뭐 만들려고?
억수   간판이요. 저기 달려구요.

'박억수'
자기 이름 세 글자를 적고 오려서 테이프로 붙였다. 도대체 여기가 어디길래?
우리 집 금고예요.

아이들의 교실 속 놀이에서 매일매일 색종이가 사용되는데, 아주 미미한 역할이지만 확실한 존재감을 보여 주는 색종이이다. 아이들의 놀이에 완성도를 높여 주기도 하며 색종이 자체가 놀이가 되기도 한다. 색종이로 무언가를 만들고 있는 아이들의 모습을 보고 있으면 오늘은 또 어떤 놀이 세상이 열릴지 기대가 된다.

끝나지 않은 공룡 이야기

남은솔

▍ 공룡 놀이의 시작

　2020년 6월 22일 만 5세 준하가 레고블록으로 티라노사우루스 한 마리를 만들었다. 그리고 다음으로 브라키오사우루스를 만들었고, 하나둘 공룡의 개수가 많아지기 시작했다. 공룡의 수가 많아지자 벽돌 블록으로 공룡들이 모여 있는 공간을 만들기 시작했고 '공룡원'이라고 하였다. 준하에게 "왜 공룡원이야?"라고 물으니 "동물원 있잖아요~그래서 여기는 공룡이 있어서 공룡원이에요!"라고 말했다. 이렇게 공룡원의 탄생은 기나긴 공룡 이야기의 시작이었다.

공룡으로 놀아 보자!

● 6월 넷째 주

교사가 계획한 놀이 주제는 여름에 볼 수 있는 곤충과 식물들이었다. 하지만 그와는 전혀 다른 공룡으로 놀이들이 이루어지기 시작했다. 준하 혼자 공룡을 만들기 시작하였지만 점점 다른 아이들도 공룡에 관심을 가지기 시작했다. '공룡이구나!'라는 생각이 들었다. 준하가 하는 공룡 설명을 듣고, 공룡에 대해 이야기를 나누며 나도 공룡에 대해 배워 가기 시작했다. 6월 마지막 주는 블록으로 공룡을 만들어 내고 점점 공룡원을 크게 만들어 나가며 한 주를 보냈다. 하지만 '다음 주에도 공룡 놀이가 계속될까?'라는 고민이 생기기 시작했다. 준하는 공룡에 푹 빠져 있었지만 다른 아이들은 그렇지 않았기에 걱정이 되기도 했다. 하지만 공룡을 주제로 놀아 보기로 결정했다.

공룡을 주제로 아이들이 어떤 놀이를 이어갈지 예측하여 계획을 해 보았다. 공룡 놀이는 확장되기 시작했다. 준하는 집에서 『공룡대백과』책을 가지고 왔고 함께 공룡 책을 보기 시작했다. 책을 보며 블록으로 새로운 공룡들을 만들기 시작했다. 교실에서 블록으로만 공룡을 표현하던 아이들에게 다른 방법으로도 공룡을 표현해 볼 수 있도록 준비하였다. 색종이로 도형을 오려 공룡을 표현해 보고, 도화지를 연결한 큰 종이에 땅, 하늘, 바다에 사는 공룡들을 분류하여 그림으로도 표현해 보았다. 놀이터에서도 공룡 놀이는 계속되었다.

늘 땅을 파던 모래 놀이터였지만, 땅 속에서 발견된 뾰족한 돌을 공룡 이빨이라며 모으기 시작했고, 발견된 다른 돌들도 공룡 화석이라며 바구니에 담기 시작했다. 준하는 공룡 발자국을 몰래 크게 그려 놓고 공룡이 왔다갔다며 동생들을 불러 모았다. 분명 본인이 그렸지만 먼저 놀라는 시늉을 하며 공룡 발자국을 선생님 발, 본인 발, 동생들 발과 크기를 비교하고 생김새를 이야기하기도 했다.

● 7월 둘째 주

공룡 놀이는 3주째 계속되었고, 준하뿐 아니라 다른 아이들까지 공룡에 푹 빠지기 시작했다. 공룡 다큐멘터리를 보고, 공룡 책을 보며 공룡의 이름과 모습을 기억하였고 블록으로 표현하는 공룡의 모습이 지난주와는 달리 더 자세해지고 그럴 듯해져 갔다.

7월 27일

놀이터로 바깥 놀이를 나갔다. 모래 놀이 도구를 가지고 준하가 땅을 파기 시작한다. 그리고는 "애들아 쥬라기 공원 만들자!"라고 말하며 아이들을 모은다. 준하는 열심히 땅을 판다. 옆에 있던 준호는 구덩이에 물을 붓는다. 내가 "왜 물을 부은 거야?"라고 말하니 준하가 "땅이 잘 파지라고요!"라고 말한다.(물을 부으면 땅이 잘 파지나? 아이들은 그런가 보다) 한참을 땅을 파고 물을 붓고 또 파기를 반복한다. 내가 "어떤 쥬라기 공원을 만드는데 구멍을 깊게 파는 거야?"라고 물으니 준하가 "그 구멍 안에서 모사사우루스가 탁

❶ 색종이 도형으로 공룡 꾸미기 ❷ 함께 그려요, 공룡 나라 ❸ 공룡 화석을 찾아라!
❹ 함께 보는 『공룡대백과』 ❺ 블록으로 만든 공룡원

튀어나오는 쥬라기 공원이요!"라고 말한다.(모사사우루스는 물에 사는 거대한 공룡이라서 깊게 파야 하고 물도 필요한가 보다.)준호가 준하에게 묻는다. "형아 이제 물 부어도 돼?", "안 돼!"라고 대답이 돌아온다. 그러고는 "이거 다 파면 부을 수 있어!"라고 다시 이야기해 준다. 잠시 후 준하가 "얘들아 물 부어!"라고 외친다. 은주와 준호가 "알았어!"라고 대답하며 물조리개에 물을 담고 바가지에 물을 담아 물을 옮겨 붓는다. 준하가 "이제 모사사우루스랑 비슷한 틀을 찾아야 해요!"라고 말한다. 내가 "그런 틀이 있을까?"라고 물으니 모래 놀이 도구통들을 살펴보며 물고기틀을 잡는다. 그러고는 "이거 비슷하지 않아요?"라고 말하며 나를 쳐다본다. "오! 물에 사는 거니까 비슷하다고 생각할 수 있겠다!"라고 말해 주니 물고기틀은 모사사우루스가 되어 구덩이 속으로 들어갔다. 그러고는 물고기틀(모사사우루스)을 넣었다 뺐다 하며 쥬라기 공원 놀이가 다시 시작된다.

7월 29일 수요일

준하가 벽돌 블록, 공룡 모형, 미니 자동차 등을 이용해 무언가 만들기 시작한다. 준하가 "선생님 진짜 쥬라기 월드 같지요?"라고 물으며 나에게 다가왔다. 준하가 만든 것을 보니 정말 실감 나는 장면이 펼쳐져 있었다. "자동차가 넘어져 있고 공룡도 넘어져 있으니 영화 속 한 장면 같다!"라고 말하니 준하가 "선생님 이 차들은 공룡한테 공격당했어요. 사람들은 공룡에 비하면 엄청 작죠?"라고 묻는다. 그래서 "그렇죠~ 엄청 작죠."라고 말하니 "선생님 실제로 공룡이 살아 있다면요?"라고 나의 생각을 묻는다.

"지금 공룡이 살아 있다면?"이라 되물으니 "네! 그럼 실제로 이런 상황이 발생했겠죠?"라고 묻는다. 내가 "응! 선생님은 너무 무서워서 집에서 나오지도 않았을 것 같아."라고 말하니 웃으며 다시 동생들에게로 간다.

8월 4일 화요일

준하가 블록으로 무언가 또 만들기 시작했다. 거대한 무언가를 들고 오더니 "선생님 이거는 스피노사우루스랑 모사사우루스랑 합체해서 스피노모사사우루스예요~모사사우루스에 스피노사우루스의 등이 생겼고, 입도 스피노처럼 길어졌어요!"라고 말한다.(이제는 여러 공룡의 특징을 합쳐 변형된 모습을 만들어 낸다. 상상력이 대단하다) 한참을 동생들과 공룡을 만들어 내던 준하가 블록을 길게 세우더니 자신의 키와 비교하며 "저보다 작아요!"라고 말한다. 내가 "어제 우리 키 쟀을 때 준하가 122센티였지? 그것보다 작네?"라고 말하니 "선생님 제가 122센티였잖아요 이것 보세요!"라고 하며 세운 공룡 블록을 자신의 몸 가까이 대고 손으로 비교한다. "그럼 준하가 만든 공룡은 몇 센티 정도 될까?"라고 하니 "22센티요?"라고 말한다. "어제 준하랑 은주랑 키 재 봤을 때랑 비슷한 것 같은데, 은주가 준하의 목 정도까지 왔던 것 같은데 은주가 몇 센티였지?"라고 물으니 준하가 은지를 보며 "은지야 키 재 보자!"라고 한다. 그

벽돌 블록, 공룡 모형, 미니 자동차로 꾸민 쥬라기 월드.

리고 블록과 은주의 키를 비교해 본다. "오! 블록이 더 크다!"라고 말한다. "그러네? 어제 은주는 99센티 정도 였던 것 같은데."라고 말하니 준하가 "그럼."이라고 하며 고민한다. 내가 "그럼 조금 더 크니까 몇센티 정도 될까? 100센티?"라고 하니 준하가 "네!"라고 말하며 동생들을 바라보며 "내가 100센티 공룡 만들었어!"라고 하며 웃는다.

● 8월 하반기는 원격 수업이 진행되고, 8월 31일(월) 다시 아이들의 등원이 시작되었다

'유치원에 등원하지 않은 기간 동안 아이들의 관심사는 변하지 않았을까?'라고 조심스레 생각했지만 아니었다. 유치원에 오자마자 블록으로 공룡을 만들어 내기 시작했다.

블록으로 만든 공룡으로 키를 재는 아이들.

　준하가 뭔가 또 거대한 것을 만들어냈다. 내가 준하에게 "준하는
뭔가 또 거대한 것을 만들고 있네?"라고 말하니 옆에 있던 두희가
"거대 모사사우루스예요."라고 말한다. 내가 "거대 모사야? 근데
평소에 만들던 거대 모사보다는 작아 보이던데?"라고 말하니 준
하가 "이건 아기모사사우루스예요~영 살이예요 영 살!"이라고 말
한다. "영 살이야? 지금 태어났나?"라고 물으니 "네! 아기예요!"라
고 말한다. 블록을 계속 계속 늘려 조립한다. "점점 커지는 것 같은
데 준하야~"라고 말하니 "선생님 둔클레오는 10미터고요, 모사가
최대 몸길이가 20미터니까요 합치면 더 커지죠?"라고 준하가 묻는
다. 내가 "합치면 훨씬 커지겠지? 그래서 더 거대해지고 있는 중이
야?"라고 물으니 "네!"라고 대답한다. 준하가 만들기를 끝내고 나
를 보며 "선생님 보세요. 둔클모사예요!"라고 말한다. 내가 "엄청

거.대한 게 완성됐네!"라고 말하니 준하가 "저랑 한번 키 재 볼까요?"라고 말한 뒤, 만들어 낸 것 옆에 눕는다. "오~누가 더 크지?"라고 물으니 "둔클모사가 더 큰 거 아니예요?"라고 준하가 되묻는다. 내가 "준하가 조금 더 큰 것 같은데? 오! 비슷하다! 준하가 120이니까 둔클모사도 120정도 되는건가?"라고 하니 큰 소리로 웃으며 "네! 은주랑도 재볼까요?"라고 하더니 둔클모사를 들고 세운다. 그리고 두희와 은주를 불러 키를 비교해 본다.

9월 21일 월요일

유치원에서 구매한 여러 종류의 공룡 관련 그림책이 왔다. 그중 『공룡백과』를 함께 둘러앉아서 본다. 그리고 준하가 책을 한 장씩 넘기며 동생들에게 "육식일까요~ 초식일까요~"라고 묻는다. 두희와 준호, 은주가 답을 생각하여 대답하면 준하가 정답을 판단하여 딩동댕이나 땡으로 알려 주고, 틀렸을 때는 "땡~ 초식입니다~", "땡~ 육식입니다~"라고 정답을 알려 준다.

9월 22일 화요일

유치원 교실 안에 종이컵을 많이 꺼내 놓았다. 종이컵 놀이에 공룡들이 들어오기 시작했다. 둥글게 종이컵을 쌓고 안에 레고 블록으로 만든 공룡을 넣는다. 그리고는 준하가 "성벽 안에 공룡이 들어갔습니다."라고 혼자 말한다.

내가 "성벽이 높아서 공룡 못 나오는거 아냐?"라고 물으니 "아니

종이컵으로 담장을 쌓고 그 안에 블록으로 만든 공룡을 넣어 놓았다.

예요, 얘는 점프해서 나올수도 있고, 몸통 박치기로 부수고 나올 수
도 있어요!"라고 말한다. 그러고는 여러 개의 같은 모양의 성벽을
만들고 그 안에 공룡을 넣는다. 준하가 말한다 "쥬라기 월드 완성!"
동생들이 다가와 점점 많은 쥬라기 월드가 생겨난다.

9월 23일 수요일

오늘도 종이컵과 함께 공룡 놀이가 시작된다. 동그랗게 성을 쌓
고 공룡을 넣기만 했었던 어제와 달리 오늘은 교실 전체를 활용한
다. 종이컵과 함께 벽돌 블록, 레고 블록으로 만든 공룡들이 함께한
다. 교실 전체에서 왼쪽은 공룡 시대, 오른쪽은 공룡의 공격을 피할
수 있는 성이라고 한다. 점점 놀이에 활용되는 공간의 크기도 넓어
진다.

공룡 놀이는 이제 교실 전체를 활용해 놀이 공간이 넓어졌다.

10월 5일 월요일

유치원 건물 공사로 인해 교실을 옮겼다. 놀이 공간은 달라졌지만 아이들의 관심은 여전히 공룡이다. 오늘은 십자 블록으로 준하가 무언가 길게 만들었다. "선생님 디플로도쿠스 목뼈 화석이에요!"라고 말한다. 내가 "우와 엄청 길게 만들었네?"라고 하니 "디플로도쿠스는 50미터니까 몸길이가 한 20미터쯤 될꺼고 목길이가 10미터쯤 될거고 꼬리길이가 10미터쯤 될 거예요!"라고 말한다. 내가 "준하의 추측이야?"라고 물으니 "네! 어 그럼 40미터네?"라고 말한다.

그래서 내가 "그러네? 근데 그만큼 길다는거지?"라고 하니 "네!" 라고 말한다. 준하가 갑자기 벽돌 블록을 꺼내오더니 디플로도쿠스 목뼈 화석이라고 한 것 옆에 놓는다. 그러고는 "선생님 이 벽돌이 하나에 4미터거든요? 디플로도쿠스가 몇 미터인지 한번 세어 볼게요!"라고 한다. 그리고 벽돌 블록을 옆에 하나씩 놓으며 "한 개, 두 개, 세 개…" 수를 센다. "선생님! 여덟 개 있어야 해요! 이 블록이 한 개에 4미터거든요?"라고 말한다. 내가 "그럼 총길이가 몇 미터인 거야?"라고 물으니 "선생님이 세어주세요!"라고 한다. "음~ 4미터에 8개니까 사팔에 삼십이! 32미터?"라고 하니 "네에? 그렇게 길다구요?"라고 하며 눈을 동그랗게 뜨고 놀란다. 내가 준하가 길

준하가 십자 블록으로 디플로도쿠스의 목뼈 화석을 만들었다.

준하가 블록으로 TV를 만들었다.

이를 비교해 놓은 것을 유심히 살펴보니 블록 길이보다 더 짧아 보였다. "근데 블록 8개보다 짧은거 같은데?"라고 하니 준하가 십자 블록을 더 가져와서 "그럼 내가 이렇게 해야지~"라고 말하며 목이 더 길어지게 블록을 연결한다. 그리고 "선생님 디플로도쿠스가 훨씬 뒤에 있었는데 더 길어요! 이제 2미터쯤 되겠죠?"라고 묻는다. 내가 "2미터 넘을 것 같은데? 실제 공룡이 이렇게 크단 말이지?"라고 하니 "네! 추측이예요~ 목 길이가 한 20미터, 몸길이가 20미터, 꼬리가 13미터"라고 한다. "그럼 합쳐서!"라고 물으니 "53미터!"라고 말한다.

10월 5일 화요일

준하가 오늘은 블록으로 TV를 만들었다. 그러고는 나에게 "선생님 드라마도 해요!"라고 하더니 "앞에 앉아서 보세요!"라고 한다. 내가 앞에 앉아서 "드라마 제목이 뭐예요?"라고 물으니 "제목이요? 공룡이에요! 공룡! 디플로도쿠스한테 사람이 밟혀서 죽었어

이것도 놀이야

요!"라고 하며 손에 들고 있던 인형들로 인형극을 보여 주듯 한다.

공룡 흉내를 내며 식당 놀이를 한다.

10월 26일 월요일

아이들이 음식 모형들을 접시에 올려 책상 위에 올려놓는다. "선생님! 음식 먹으러 오세요!"라고 나를 부른다. 상 앞에 가서 앉은 후 "여긴 무슨 식당이에요?" 라고 물으니 "여긴 기간토랍토르 식당이에요!"라고 준하가 말한다. 내가 "기간토랍토르가 주인이에요?"라고 물으니 "네 기간토랍토르가 사냥해서 음식을 주는 거예요!"라고 한다. "아~ 기간토랍토르는 육식이에요?"라고 하니 "아니요 잡식이예요!"라고 한다. "그래서 풀과 고기가 모두 있었군요~"라고 하니 고개를 끄덕인다.

그러고는 팔을 구부려 손가락 세 개를 구부리고 공룡 흉내를 내며 걸어간다.

10월 27일 화요일

준하가 동그랗게 몸을 말고 옆으로 눕는다. 준호가 옆으로 와 준하를 흔든다. 준하는 "저는 기간토랍토르 알이에요!"라고 한다. 준하를 흔들던 준호가 준하 옆에 누우며 "저도요!"라고 한다. 그러고는 한참 누워 있다가 준호가 "근데 바람 때문에 알이 일어났습니다~"라고 혼자 말하며 일어난다.

옆에 있던 준하는 "바람 때문에 알이 굴러갔습니다!"라고 하며 옆으로 데굴데굴 굴러간다. 은주와 두희가 웃으며 다가와 모두가 다시 누워 알이 되었다 깨어났다가 알이 되었다가 굴러갔다가 여러 가지를 표현한다.

11월 18일 수요일

놀이터로 바깥 놀이를 나갔다. 준하가 손가락으로 모래 위에 무언가 그린다. "뭐야?"라고 물으니 "공룡 발자국이에요!"라고 한다. "너무 귀여운거 아니야?"라고 하며 피식 웃으니 "그럼 이 정도는요?"라고 하며 손가락으로 크게 모래 위에 그린다. "오~엄청 크다!"라고 하니 "이건 거대 모사사우루스 발자국이에요!"라고 한다. 모래 위로 공룡 발자국들이 가득 찬다.

처음 공룡 놀이가 시작된 것이 6월 22일. 현재 12월이 되었다. 놀이가 처음 시작되었을 때 그리고 한창 공룡 놀이로 가득찼던 7~8월보다는 공룡 놀이가 줄어들었지만 여전히 공룡을 만들어 내고, 공룡 흉내를 내고, 공룡 그림을 그리며 아이들 놀이 속에서 공룡 이야기가 계속된다.

　이렇게 놀이가 확장되고 발전되어 나갈 것이라 예상하지 못했던 나는 너무 놀라웠다. 공룡 이야기가 갑자기 시작된 것도, 공룡 놀이가 이렇게 긴 시간 동안 진행되고 있는 것도, 블록으로 공룡을 만드는 것뿐 아니라 공룡 책을 보며 연구하고 알아가며 놀이를 확장시켜 나가는 것까지 놀랍지 않은 것이 없었다. 놀이를 하며 어려운 공룡 이름을 말하고 공룡의 모습을 표현하고, 실제로 보지 못했던 공룡 시대 이야기를 만들어 내고, 공룡 크기를 비교하는 등, 아이들이 만들어 내는 놀이 안에서 여러 가지 배움들이 일어나고 있었다. '다시 한 번 아이들의 놀이를 믿어야 겠구나, 이것이 놀이의 힘이구나'를 느끼게 되는 순간들이었다. 여전히 계속되는 공룡 이야기에 오늘은 또 어떤 공룡들이 어떻게 나타날지 기대해 본다.

2부 줄기 ❷

유아·놀이 중심 교육 과정
실천하기

| 실외놀이 |

얼음땡 놀이

김미화

—

　무궁화꽃이 피었습니다, 얼음땡, 사방치기, 꼭꼭 숨어라, 술래잡기…. 우리 아이들은 내가 어렸을 때 했던 전래 놀이(?)를 즐겨 한다. 특별한 놀이 도구도 필요 없고 공간이 넓으면 넓은 대로 좁으면 좁은 대로 아주 신나게 잘 논다. '오늘 무궁화꽃이 피었습니다'를 했다면 내일은 '얼음땡', 실컷 '얼음땡' 놀이를 하다가 다음 날에는 '꼭꼭 숨어라'를 하기도 한다. 요즘은 아이들이 '얼음땡' 놀이에 빠져 있다. 그 이전부터 즐겨 했을지도 모른다. 또 이제야 내가 관심이 생겼을 수도 있다. 과연 어떤 이야기가 오고 갈까? 어떻게 놀이할까? 지켜보기로 했다.

▌2020년 11월 6일 얼음땡 놀이가 시작된 날? 아니 내가 처음 알게 된 날!

11월이 되자 날씨가 쌀쌀하다. 더 추워지기 전에 바깥 놀이를 나간다.

"애들아, 우리 발표회 연습하고 바깥 놀이 나가자." 나의 이야기에 우리 반 아이들은 교실이 떠나갈 정도로 환호성을 보낸다.

윤아, 은영, 태연, 효연, 수영, 재석이는 미끄럼틀로 달려가면서 "우리 얼음땡 놀이하자."라고 한다. 처음 술래가 누군지를 보지 못했다. 미끄럼틀을 오르락내리락하면서 얼음땡 놀이가 한창이다. 미끄럼틀 위에는 술래가 올라가지 못한다고 한다. 술래가 된 재석이는 친구들이 미끄럼틀 바닥으로 내려오기만 기다렸다가 내려오면 빠르게 뛰어간다. 윤아는 재석이가 숨어 있는지 모르고 미끄럼틀을 타고 내려왔다가 잡혀 버렸다. 윤아가 "한 번만 봐 주십쇼~"라며 우스운 목소리와 동작으로 이야기하자 술래인 재석이는 "그래~ 도망가거라~." 하고 놓아 준다.

근데 재석이는 계속 술래가 되자 약이 조금 오른 거 같았다. 미끄럼틀 위로 올라가서 친구들을 잡으려 하자 윤아가 "밑에 있는 사람만 잡을 수 있어." 라고 이야기한다. 재석이는 투정 부리는 목소리로 "왜 못 들어오는데(왜 미끄럼틀 위로 못올라가라는 말)" 하고, 아이들은 '술래가 미끄럼틀 위로 올라갈 수 있냐? 없냐?'에 대해서 실랑이 중이다. 나는 한참을 지켜보다가 "술래가 바닥에만 있으니 친구들을 잡는 게 좀 어려운 거 같은데…"라고 이야기한다. 아이들은 "그럼 술래도 올라가자"라고 이야기를 한다. 나는 또 제안을 했다 "애들아, 너희들이 빨리 움직이고 미끄럼틀 위에도 있고 바닥에도 있고 하니깐 술래가 바뀌게 되는걸 못 보는 거 같아. 그래서 술래가 된 친구가 누군지 몰라서 잡히기도 하는 거 같은데, 술래가 된 사람이 나 술래~ 라고 이야기 해주면 어떨까?" 아이들은 "그래요." 하고 다시 게임을 시작한다. 술래가 미끄럼틀 위로 올라갈 수 있게 되자 위험한 상황이 종종 생기기도 하였고 놀이가 긴박하게 흘러갔다. 이 날은 20분 정도 놀이를 하였다.

▌2020년 11월 9일. 아이들도 안다. 누가 쉬운 상대인지

아침에 출근했는데 교실에서 얼음땡 놀이를 하고 있다. 난 놀이를 허용하는 대신 뛰지 않기, 양말 벗고 하도록 일러두었다. 얼마 후 놀이는 끝나 버렸고 각자 다른 놀이를 하러 갔다. 이후 바깥 놀이를 위해 운동장에 도착하자마자 은영이와 수영, 재석이가 미끄럼틀로 뛰어간다. 재석이가 "늦게 올라가는 사람이 술래."라 하였는데, 본인이 제일 늦게 도착하여 술래가 되고 말았다. 셋 중에 제일 빠른데, 술래가 된 걸 보니, 술래가 하고 싶었나 보다. 오늘부터 술래는 미끄럼틀 위로 올라갈 수 있다.

지난주 놀이 관찰 결과, 아이들이 미끄럼틀 슬라이드 부분을 거꾸로 올라가다 내려오는 아이들과 부딪히는 일이 종종 있었다. 처음에는 크게 위험해 보이지 않았는데, 술래가 미끄럼틀 위로 올라가기 시작한 후 놀이가 긴박하게 흘러갔고 종종 위험한 상황이 생기기도 했다. 나는 아이들에게 "거꾸로 올라가는 건 너무 위험해 보여, 여기(슬라이드)에서는 내려오기로만 하자."라고 이야기 했다. 종종 약속을 지키지 않는 아이들은 친구들이 "거꾸로 올라가지 마.", "거꾸로 올라가는 건 없어."라고 이야기해 주기도 하였다.

우리 반 9명 중 2명은 6살 여자 아이다. 이번에는 6살 태연이 술래가 되었는데 서현이만 따라간다. 서현이는 7살이지만 체구가 또래에 비해 작고 속도나 몸짓이 날렵하지 못하다. 태연이는 서현이가 쉬운 상대임을 아는 것 같다. 본인보다 느리고 잡기 쉽다는걸…^^

서현이는 몇 번이나 잡힐 위험에서 아슬아슬하게 벗어나지만 결국에는 잡히고 만다.

어린 아이들도 아는 것 같다. 누가 어렵고 쉬운 상대인지^^

▍2020년 11월 12일. 얼음~ 아니지롱?? 나만 불편한가?

오늘도 바깥 놀이를 하러 나간다. 나가는 도중에 특수반 선생님이 아이들에게 도움을 요청한다. 호영이가 예방 접종을 안 맞았다며, 보건소에 함께 가 달라는 부탁이었다. 모두들 좋다며 앞장섰고 함께 보건소에서 호영이 예방 접종 성공을 기원하였다.

유치원으로 돌아오자마자 아이들은 미끄럼틀을 향해 뛰어간다.

오늘로 3일째 얼음땡 놀이를 하지만, 그동안 희원이와 유리는 하지 않았다. 친구들이 얼음땡 놀이 하는 걸 모르는지 아님 하기 싫은 건지 모래 놀이만 하고 있다. 오늘은 놀이가 새롭게 변하였다. 술래에게 잡히려자 수영은 "얼음."이라고 한다. 그러더니 술래가 가자 "아니지롱~" 하면서 다시 움직인다. 술래인 재석이가 들었는지 모르겠다. 나는 속으로 수영에게 하지 말라고 말할까 말까? 고민을 했지만 하지 않기로 했다. 몇 번이나 똑같은 일이 반복되었지만 새로운 놀이 규칙이 생긴 건지 아이들에게는 "아니지롱~"이 중요하지 않은 건지 놀이는 계속 지속되었다.

나만 불편했나 보다^^

▌2020년 11월 13일. 얼음땡 놀이와 함께 생긴 고민들

일주일간 얼음땡 놀이에 관심을 갖는 걸 보니 다음주는 얼음땡에 대해서 이야기를 나눠 보려고 계획하였다. '관련 동화책도 읽어 보고 노래도 들어 보고 또 얼음땡 약속도 함께 만들어 보면 어떨까'라는 생각에 다음 주 놀이 계획을 세워 보았다. 놀이 계획 후 고민이 생기긴 했다. '얼음땡 놀이가 함께 나눌 주제로 적합한가?' '어떤 내용으로 풀어나가지?'

우선 다음 주는 얼음땡에 대한 아이들의 생각과 안전을 위한 규칙만 먼저 다뤄 보기로 하였다.

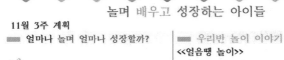

수업 지도안.

▍2020년 11월 16일. 얼음땡 놀이 함께 이야기 나누기

　월요일에는 되도록 모임 활동을 하지 않지만 이번 주는 사정이 있어 월요일부터 함께 모여 앉았다. 나는 아이들에게 어디서 하는 얼음땡이 가장 재미있는지 물어보았다. 아이들은 미끄럼틀에서 얼음땡 하는 게 더 좋다고 한다. 그 이유로는 '계단에서 다른 친구가 얼음 하면 내가 더 멀리 도망할 수 있어서', '미끄럼틀 타고 내려가면 더 빨리 피할 수 있어서'였다. 하지만 종종 위험한 모습을 봐 왔던 터라 안전 약속에 대한 이야기가 필요했다.

나　　너희들이 미끄럼틀에서 얼음땡 놀이할 때 위험한 상황들
　　　이 종종 있었어. 그래서 우리가 이야기를 좀 나눠야 될 거

미끄럼틀에서 얼음땡 놀이를 하는 아이들.

같아.

수영 우리가 미끄럼틀을 거꾸로 올라갈 때요?

나 (놀이 영상을 보여 주며)미끄럼틀 위에서 술래한테 잡아 보라고 손이나 다리를 밑으로 내리기도 해.

나의 이야기에 아이들은 "나도 봤어요.", "거꾸로 올라가다 부딪쳤어요."라고 이야기하면서 안전 약속의 필요성을 공감하고 거꾸로 올라가지 않기, 위에서 손이나 발 내리지 않기 두 가지의 안전약속을 정했다. 바꿔야 되는 부분에서는 이런 대화가 오고 갔다.

수영 우리가 미끄럼틀에서 얼음하고 내려오면 밑에 있던 술래가 얼음 아니라고 잡아요.

나 　아. 그런 일이 있을 수도 있겠다. 미끄럼틀을 타고 내려오
　　는데, 술래가 밑에 있어. 그럼 너희들은 어떻게 해?

아이들 　얼음해요.

은영 　그럼 이렇게 하면되지(양팔을 양쪽으로 쭉 뻗으며) 꽉~ 잡으
　　면 되지.

재희 　은영아 그러다가 내려가면 팔 빠져.

은영 　(이상한 표정을 짓는다)

나 　또 다른 부분은 없어?

윤아 　아… 생각해 봐야지.

수영 　또 있어요. 계단을 올라가다가 얼음을 하면 뒤에 친구들이
　　못 가요.

　이 상황은 나도 자주 본 상황이라서 나중에 규칙 이야기 나눌 때 꼭 말해야지 생각했던 부분이었다. 이 상황에서는 얼음을 한 뒤 뒤에 친구가 올라갈 수 있게 옆으로 비켜 주기로 결론을 내렸다. 그 외에 술래가 되면 '누가 술래' 이야기하는 것, 술래 하기 싫다고 삐지지 않기, 얼음이면 움직이지 않기도 규칙으로 만들었다. 그리고 '얼음 아니지롱'은 아이들이 하지 않았으면 좋겠다고 한다.

　이야기를 나눈 후, 바깥 놀이를 하러 나갔다. 9명이 모두 놀이에 참여하였고, 오늘도 술래는 늦게 올라가는 사람이다. 오늘은 놀이에 처음 참여한 유리가 술래가 되었다. 유리는 6살이고 달리기 속도가 늦다. 그리고 방향 전환도 잘 안 되는 편이다. 당연히 달리기

가 빠른 7살들은 잡히지 않고 요리조리 잘 빠져나간다. 유리는 술래가 될 때 마다 삐졌고 7살 형님들이 대신 술래를 해 주었다.

결국 아이들이 폭발했다.

"선생님 유리가 잡히면 자꾸 삐져요."
"삐지면 같이 할 수 없잖아."

여기저기서 모두 불만이 한가득이다. 아이들의 목소리는 점점 격양되었고 유리는 결국 나에게 연행되어 놀이에서 빠지게 되었다. 나는 유리에게 "유리야. 왜 계속 놀이하는데 안 잡고 삐져 있는 거야?" 묻자 큰 눈에서 닭똥 같은 눈물이 또르르 흐른다. 아마도 게임에는 참여하고 싶은데, 술래가 되면 다른 사람을 못 잡고 계속 술래만 해야 되니 그게 속상했던 모양이다. 그래도 게임에는 규칙이 있지 않은가!!! 유리는 그날 놀이에 참여하지 못했다.

한참 게임이 진행되는데, 모두 얼음이 되는 상황이 생겨 버렸다. 내가 어렸을 적에는 얼음한 친구들끼리 몰래 움직여서 땡~ 했었는데, 우리 아이들은 어떻게 할지 지켜보았다.

"우리 다 얼음이네! 그럼 땡~ 하고 움직이자." 하고선 다시 놀이가 시작된다.

▌2020년 11월 18일. 얼음 친구들끼리 땡~ 할 수도 있어

오늘은 얼음땡과 관련된 그림책을 읽었다. 강풀 작가님의 『얼음땡』그림책이다. 내가 어렸을 적학교 끝나고 친구들이랑 운동장에 모여서 했던 얼음땡 놀이 이야기가 잘 녹아 든 그림책이다. 아이들에게 선생님도 어렸을 때 너희들이랑 같은 놀이를 즐겨 했다는 것과 얼음끼리 땡~ 할 수 있는 규칙이 있다는 것을 그림책을 통해서 알려 주고 싶었다.

얼음땡 놀이를 소재로 한 그림책 『얼음땡』(강풀 지음, 웅진주니어).

나   선생님도 어렸을 적에 그림책 속 아이들과 너희들처럼 얼음땡 놀이를 했었다.

서현 선생님도 운동장에서 했어요?

나   응. 너희들이랑 같이 읽어 보고 싶어서 들고 왔어. 그림책에서 얼음한 친구들이 술래가 보지 못할 때 어떻게 했더라?

윤아 몰래 걸어가다가 땡~ 했어요.

나   그래, 선생님도 얼음한 친구들끼리 몰래 움직여서 땡~ 했는데, 술래한테 움직이는 거 들키면 술래가 되었지.

오늘 얼음땡은 8명이 참여하였다. 재석이가 발을 다쳐 유치원을 오지 않았기 때문이다. 새로운 규칙은 오늘 사용하지 않았다. 참여하는 아이들이 많아서 그런가? 그리고 유리는 술래가 되었지만 조금만 삐졌다. 어제 형님들의 흥분된 모습에 충격을 받은 건지, 삐지는 사람은 같이 놀 수 없다는 엄포 때문인지….

▌2020년 11월 19일. 얼음땡은 역시 미끄럼틀 얼음땡이 최고

교실에서 재석이 꾸미기 하면서 나는 "얘들아 강당에서 뭐 하고 놀지?" 물어보니 아이들은 "우리 얼음땡해요. 그리고 무궁화꽃이 피었습니다 해요." 한다. 강당으로 가기 전 얼음땡 놀이에 대해서 한 번 더 이야기를 나누었다.

나   우리가 얼음땡 놀이하는 중인데, 이건 바꿨으면 좋겠어요. 이런 것도 했으면 좋겠어요 하는 거 있어?

수영   선생님 저는 술래가 나 잡았을 때 잡힌 거 아니라고 해놓고 다시 친구 잡아서 술래하라고 했어요.

어제 얼음땡 놀이하면서 희원이가 수영은 잡았는데 수영은 얼음을 먼저 했으니 자신이 술래가 아니라고 했다. 계속 실랑이를 하다

강당에서 얼음땡 놀이를 하는 아이들. 미끄럼틀에서 하는 것보다 재미가 덜한 눈치다.

가 희원이를 잡더니 "그래 나 술래, 너 잡았어, 너 술래."라고 한 일이 있었다. 교실로 이동해야 되는 상황이라 이야기 나눌 시간이 없었는데, 수영이 그 상황을 이야기하는 것이다. 많은 이야기가 오고 갔는데, 아이들은 솔직하게 하기로 약속을 했다. 잡힌 사람이나 잡은 사람이나 모두 솔직하게 행동하기로…^^ 서로 믿기로 하고 술래가 된 사람은 술래임을 이야기하고 친구가 도망갈 시간을 준 다음 잡기로 하였다.

그리고 오늘도 유리가 삐진 이야기가 나왔다. 그 이야기에 대해서는 너무 길게 나누지 않고 각자 삐지지 않고 술래가 된 친구는 최선을 다해서 하기로 하였다.(물론 열심히 했는데, 못 잡을 경우 다른 친구가 대신 해 줄 수도 있다는 약속도 했다^^) 강당으로 이동

해서 얼음땡 놀이를 하였다. 진짜 미끄럼틀에서 하는 얼음땡이 재미 있나보다. 놀이는 '무궁화꽃이 피었습니다'로 바뀌었고 점심시간이 될 때까지 놀이는 계속되었다.

▌ 2020월 11월 23일. 함께 놀이하는 기쁨

오늘은 장소가 바뀌었다. 좀더 작은 미끄럼틀에서 얼음땡을 한다. 유리는 술래가 자주 된다. 오늘도 술래가 되어서 언니들을 쫓아가지만 쉽게 잡지 못한다. 삐져서 앉아 있는 줄 알았는데, 삐진 척하는 것이었다. 언니들이 유리를 달래 주러 다가오려고 하자 표정이 바뀌면서 다가오는 언니들을 잡으러 뛰어간다. 아마도 자기 속력으로는 못 잡을 거 같으니 언니들을 속여서 잡으려는 생각인 거 같다. 이제는 유리가 술래가 되어도 삐지지 않고 자신의 수준에서 최고의 방법을 찾아낸 듯 싶다.

지난 주에 재석이가 발목을 다쳐 깁스를 하고 유치원에 등원을 했다. 평소 같으면 날아다녔을 녀석인데 깁스 덕분에(?) 자유롭게 움직이지 못한다. 당연히 바깥 놀이에서도 마음대로 움직이지 못하고 있다. 내 옆에 앉아 있던 재석이는 얼음땡 놀이를 하고 싶은 눈으로 친구들을 바라본다. "재석아 너 얼음땡 하고 싶어?"라고 물어보자 "네~ 저도 하고 싶어요."라고 한다. 얼음땡을 하고 있는 아이들에게 "재석이도 얼음땡 하고 싶다는데, 같이 놀 수 있어." 라고 물어보니 모두들 "네!"라고 대답한다. 오늘은 놀이의 속도가 다

작은 미끄럼틀에서 얼음땡 놀이를 하는 아이들.

르다. 아주 느~슨하게 움직이는데, 아마도 다들 재석이를 배려하는
것 같다. 술래는 재석이 옆을 지나가더라도 일부러 안 잡기, 재석이
가 계단을 올라갈 때는 뒤에서 기다려 주기 등등 배려하는 모습이
많이 보였다. 그런 모습을 보면서 괜히 나의 마음도 뭉클해졌다.

　이날 이후로 우리 아이들은 얼음땡 놀이를 하였다. 그리고 또 다
른 놀이를 시작하였다.

얼음땡 놀이가 시작된 지 한 달이 지났지만 우리 아이들은 여전히 미끄럼틀에서 얼음땡 놀이를 즐기고 있다. 너무나 다행스럽게 단 한 번의 사고도 일어나지 않고 여전히 즐거운 얼음땡 놀이로.^^ 이번 얼음땡 놀이가 한 달 동안 지속될 수 있었던 특별한 이유는 없다. 그리고 내가 특별히 한 것도 없다. 그냥 아이들의 놀이를 잘 지켜보고 필요한 부분은 같이 이야기 나누어 보고 바깥 놀이를 매일 1시간씩 나가 실컷 놀게 했을 뿐이었다. 굳이 찾아보자면 '아이들의 놀이를 잘 지켜보는 것?' 이번 얼음땡 놀이를 기록하면서 교사가 아이들의 놀이를 관심 있게 지켜보는 것이 얼마나 중요한지 느끼게 되었다.

　　유아 · 놀이 중심 교육 과정이 시작되면서 '유아 · 놀이 중심 교육 과정이 무엇이지?' '내가 지금 하고 있는 게 맞을까?' '아이들은 성장했을까?'라는 고민이 많아졌다. 그리고 유아 · 놀이 중심 교육 과정의 정답을 찾기 위해 노력하였고, 정답을 찾을 수 없어 나의 능력의 부족함을 탓하기도 하였다. '정답? 정답은 어디 있을까? 정답은 우리 반 아이들에게 있지 않을까?'라는 생각이 문득 드는 요즘이다. 그 정답을 찾기 위해서는 우리 반 아이들을 '잘 지켜보는 것'이 필요함을… 아이들이 무엇을 생각하고 원하며, 어떤 놀이를 즐겨 하는지를 눈~ 크게 뜨고 살펴보는 것이 가장 중요함을….

사방치기는 어떻게 달라지고 있나

김민아

▌초기 사방치기(전통놀이를 답습하다)

사방치기는 놀이의 형태가 정해져 있다.

예전부터 내려오던 우리가 알던 그 형태.(물론 지역마다 약간의 차이들이 있지만.)

나부터도 유치원 교육 과정 - 우리나라 주제 - 전래 놀이 단원을 접할 때, 전통 놀이의 한 종류인 사방치기를 아이들에게 소개했었다.

그렇게 사방치기를 소개할 때 내 목표는 '아이들이 사방치기를 경험하고 즐긴다'라고 세웠었다.

그 목표 아래 제작되어 파는 사방치기 매트 위에서 놀이 방법을 소개하고, 규칙에 맞게 놀이하도록 가르쳤다. 놀이를 이해하고, 행동을 적절하게 규제하여 숫자 땅을 많이 차지해서 좋아하는 아이들을 보면 '음~ 즐기는군.'이라고 생각하며 그 목표에 도달했다고 결론을 내리곤 했다.

아이들이 이 놀이 방법을 이해하고 할 수 있게 되면 흐뭇했다.

그럼에도 불구하고 이 놀이를 일회성으로 했던 이유는 편을 나누고, 방법을 설명하고, 차례를 정하고, 혹은 일어나는 불통의 상황을 해결하는 주체가 교사였기 때문이었다.

▌중기 사방치기(모둠 활동을 더하다)

조금씩 수업에 대한 고민을 시작했다.

'좀 다른 방법은 없을까?'

놀이 규칙과 방법을 설명하고 몇 명씩 모둠으로 사방치기를 해보도록 했다. 모둠끼리 협업하여 사방치기 모양의 그림을 그리고 모둠원들끼리 놀이를 하도록 지도했다.

이때의 나는 아이들이 협동하는 모습을 목표로 두었지만, 모둠마다 제대로 이끌 수 있는 소위 말길을 잘 알아듣는 아이들을 한 명씩 배치한 건 나만 아는 비밀이다.

그리고 역시나 그 아이들이 이끄는 대로 사방치기는 진행되었다.

'이 또한 목표한 바에 도달한 것인가? 협업이 이루어졌는가?' 고민에 고민이 더해진다.

▌후기 사방치기(우리만의 사방치기를 고민하다)

계속되어 오던 수업 고민, 선생님들과 의견을 나눈 후 좋은 아이디어를 얻었다.

아이들에게 사방치기 방법을 소개하고 익숙해질 때쯤, 사방치기의 새로운 형태를 아이들이 만들어 내는 것, 우리가 알고 있는 사방치기의 틀에서 벗어나보는 것, 창의적인 접근이라 설렜다.

아이들이 제시한 여러 아이디어 중 가장 좋은 형태를 다수결로 선택했다. 아파트 사방치기, 사과 사방치기, 토끼 사방치기가 선정되었다.

투명 시트지에 선정된 사방치기 모양을 그려서 바닥에 붙여 놓고 한 주일은 사방치기로 놀도록 했다.

신나는 사방치기 나라~

의견이 충돌하여 부딪히기도 하고, 여기저기 뛰는 소리에, 교실은 분주했지만 아이들은 충분히 즐기며 노는 시간이었다.

더불어 자신의 의견이 선택된 아이들은 찐한 자부심으로 아이들에게 훈수를 뒀다.

"그게 아니야~ 여기서는 쉬어야지."

이렇게 매해 사방치기 놀이의 변화 과정을 거치면서 점점 '교사인 나의 힘을 좀 빼보자'라는 생각에 이르렀다.

놀이 중심으로 개화하는 사방치기(사방치기를 펼치다)

2020년 7월

운동장 놀이를 마치고 교실로 들어가려는 찰나, 한 발 두 발 폴짝 폴짝 뛰면서 모여드는 아이들. '지금이다!'

모여드는 아이들에게 잠시만 기다리라며, 옆에 있던 나뭇가지를 주워 사방치기 모양을 그렸다.

"너희들이 방금 선생님께 달려오면서 보여 줬던 깽깽이 발로 뛰는 사방치기라는 옛날 놀이야 해 볼래?"

그리고 그 선 위로 뛰는 법을 보여 주었다. 두 발, 한 발, 두 발, 한 발, 두 발, 하늘

"어때? 재미있겠지?"

줄서서 하겠다는 아이들 한 무리, 흩어져서 나뭇가지를 주우러 가는 아이들 한 무리.

두 그룹으로 나뉜 무리를 보면서 잠시 고민을 했다.

'내가 보여 주려 했던 건 놀이법이지만, 나뭇가지를 들고 그림을 그리는 게 재미있어 보였을 수도 있구나!'

지켜보기로 한다.

줄을 서서 두 발 한 발 두 발 사방치기를 해 보는 아이들. 흔들흔들 중심을 잡으려고 움직이는 모습에, 깔깔거리며 하는 아이도 보는 아이들도 웃는다.

'좀 틀리면 어때? 잘못하면 어때??'

교사가 굳이 나서지 않아도 아이들끼리 잘못된 점을 바로잡고 수정해 간다. 그리고 나뭇가지를 가지고 공벌레, 꽃나비, 우주선, 기차 등을 운동장에 그리는 아이들

교사　뭐 그리는거야?

용우　대왕 콩벌레요.

교사　그걸로 뭐하는건데?

용우　콩벌레 안에서 뛰는 거예요.

교사　그렇게 통과하는 거야?

용우　이걸 이걸 이렇게 통과하면 콩벌레가 되거든요. 그런데 10번 통과하잖아요. 그러면 날개 달린 대왕 콩벌레가 돼서 날아다니는 거예요. 이렇게(용우는 두 팔을 쫙 펴고 나는 법을 보여 준다.)

동욱　선생님 내꺼 봐 봐요.

교사　오~ 이건 뭐지?

동욱　기차하고 우주선이에요.

교사　그러네. 이것도 사방치기인 거야?

동욱　기차타고 우주선까지 가는거요. 기차에 이렇게 타서요. 창문을 콩콩 넘고, 창문 끝까지 가면 우주선을 타요. 선생님도 가 볼래요?

교사　음 우주선 타면 어디 갈 수 있어?

동욱　다 갈수 있어요. 미국 갈래요?

세은 야~ 꽃나라는 못 가냐?

동욱 꽃나라도 갈 수 있지.

교사 세은이는 뭐 그린 거야?

세은 나비꽃이요.

교사 꽃잎이랑 줄기가 있네.

세은 이렇게 따라 걷고(줄기), 콩콩 뛰고(꽃잎), 여기까지 가면 돼요.

교사 그렇게 가면 통과하는 거야?

세은 끝까지 가면 나비가 되요. 나비는 날아다녀요.

그렇게 우리가 아는 사방치기에서 한참 벗어나 이야기가 있는 사방치기를 만드는 아이들. 사방치기 안에 이야기를 넣다니… 멋지다.

알콩달콩 이야기를 하고 있으니 사방치기를 하던 아이들이 몰려와서 '나도 해 볼래.' 한다.

용우 잠깐만 있어 봐. 내가 보여 줄게.

그린 아이들은 열심히 정성껏 소개를 하고 아이들이 해 볼 수 있는 기회를 준다. 그리고 선을 밟아서 선이 옅어지면 다시 보수해 주는 일을 그림 그린 아이들이 한다. 가서 해 보고 싶은 여러 가지 사방치기를 충분히 경험해 본 후, 아이들은 점심시간이 되어 들어왔다.

다음 날, 하늘이 흐리고, 비가 내린다.

지은　선생님 비 와요.

교사　응 그러네.

지은　비 너무 많이 와요. 다 지워지겠다.

교사　뭐가?

지은　어제 용우랑 동욱이가 그린 우주선 없어지면 어떻게 해요?

　　　두 번밖에 못 해 봤는데….

물론 교사가 그린 사방치기는 아무도 걱정하지 않는다.

　콩벌레, 꽃나비, 우주선 기차, 사방치기가 사라져서 하지 못할 것
을 사뭇 안타까워하면서 걱정한다.

　그리고 주은이는 교실에서 종이에 그림을 그리고 있다.

교사　하트 나라네.

주은　아니에요. 하트 사방치기요.

　　　하트 안에서 콩콩콩 뛰는 거예요.

　　　(손가락을 세워 뛰는 모습을 보여 준다.)

교사　재미있겠다.

주은　비 안 오면 그릴 거예요. 운동장에. 우산 가지고 그릴까요?

교사　응. 해 보자 비 안 오면.

아이들이 운동장에 여러 가지 사방치기를 그리고 있다.

▌ 사방치기가 바뀌었나? 교사가 바뀌었지

아이들이 자신만의 사방치기를 만들고 이야기들을 더해 간다.

그 놀이는 개인도, 모둠도, 때로는 전체 놀이로도 함께한다.

교사는 이야기가 막히거나, 놀이에 아이들의 흥미가 잃어 갈 때, 그리고 뭔가 교사의 제안을 요구할 때, 마중물이 되어 살짝 막힌 그 부분의 물꼬가 다시 트이도록 물을 흘려보내면 되었다.

그 마중물은 고개의 끄덕임, 엄지손가락을 치켜세워 주는 것, 할 수 있다고 말해 주는 것, 의견을 제시하는 것, 혹은 잠시 쉬면서 지켜보게 하는 것도 될 수 있다.

아이들과 함께 사방치기를 하고, 아이들과 함께 놀고, 함께 게임을 하는 상황은 변한 것이 없다. 예전부터 이 모든 일은 유치원 안에서 이루어지고 있었다. 하지만 그 상황에 대해 교사로서 내 선택이 달라지고 있음을 알게 되었다. 같은 놀이 상황에 대하여, 예전에는 교사로써의 책임감을 선택했다면, 지금은 아이들에 대한 믿음과 기다림을 선택하려 한다.

뭐하고 놀지!?

남은솔

시원한 바람과 따뜻한 햇살이 가득한 바깥 놀이 하기 좋은 날씨가 계속되고 있다.

하지만 코로나19로 인해 학교 밖으로 나가는 것이 어려워지고 학교 후관동 공사로 인해 뒤쪽 유치원 놀이터를 이용하기도 어려워졌다. 학교 운동장에서 어떤 놀이들을 할 수 있을까 고민이 계속되었고, 다양한 시도들을 해 보았다.

아이들이 줄넘기와 공을 가지고 운동장에서 놀고 있다.

▌ 여러 가지 도구를 활용해 보다(줄넘기, 훌라후프, 공)

가장 접근하기 쉬운 줄넘기와 훌라후프로 놀이를 시작해 보았다. 훌라후프와 줄넘기 중 놀이하고 싶은 도구를 선택하였다. 준하와 은주는 줄넘기, 준호와 두희는 훌라후프를 선택하였다. 그리고 운동장으로 나간다. 준하와 은주는 줄을 넘기 시작했고, 두희와 준호는 훌라후프를 허리에 걸고 돌리기 시작했다. 그러다가 두희와 준호는 훌라후프가 자꾸 떨어지고 잘 안 되니 훌라후프를 줄넘기처럼 돌려 뛰어넘는다. 잘한다. 놀랐다. 특히 두희는 줄넘기가 잘되지 않아서 힘들어했는데 훌라후프 넘기를 너무 잘해서 신기했다.

줄넘기를 하던 은주와 준하는 줄넘기 손잡이 하나를 바닥에 놓더니 줄을 끌며 달린다. 계속 달린다.^^ 그러고는 낚시 놀이라고 한다. 줄을 잡고 달리는데 낚시 놀이? 뭔가 이해는 되지 않지만 아이들이 그렇다고 하니 뭐 그런거 아니겠는가? 그러더니 준하가 줄넘기 손잡이를 흔들며 줄을 꾸불꾸불하게 만들며 "뱀이 나타났다!"라고 이야기한다. 아이들은 소리를 지르며 도망간다. 또 달린다.^^

　준호가 줄넘기를 가지고 와 나에게 건네며 "점프할래요!"라고 말한다. 내가 축구 골대에 줄을 묶자 아이들이 모두 달려왔다. 서로 점프를 하겠다며 줄 앞에 선다. 줄이 짧아서 서로 밀쳐 내며 짜증을 냈다. 아이들을 멈추게 했다. 예전 같았으면 "순서를 지켜야지! 준호가 먼저 하고 싶다고 해서 줄을 묶었으니까! 준호 먼저 하고 하세요!" 등 여러 가지 말로 아이들이 줄을 서게 하고 순서를 정했을 것이다. 그런데 이번에는 같이 할 수 있도록 줄넘기를 모아 길게 묶었다. 그리고 함께 뛰어넘었다. 아이들의 웃음소리가 학교 운동장에 퍼졌다. "줄 흔들어 주세요! 더 높게 해 주세요!" 아이들의 점프 놀이 방법들이 다양해졌다. 줄이 키보다 높아져 넘기 어려워지니 림보 놀이로 또 변신! 상황에 맞추어 놀이를 바꾸어 가는 아이들의 모습이 신기하기도 하고, 기특하기도 했다. 언제 이렇게 컸을까? 하는 생각이 들었다.

　교실에서는 공 튀기기, 고깔 피해 공 움직이기, 공 주고받기 놀이들을 했었다. 그런데 준하가 축구를 하고 싶다고 이야기한 것이 생각이 났다. 공을 가지고 밖으로 나갔다. 큰 축구 골대에 공을 뻥! 하고 차서 넣어 보았다. 처음에는 공을 막는 사람도 없었고 그냥 공을 차서 골대에 넣어 보았는데 생각보다 잘 넣지 못했다. 골이 잘 들어가지 않아 속상해서 하기 싫다고 이야기할 것이라 예상했는데 그렇지 않았다. 계속 도전했다. 학기 초에는 안 되면 바로 포기하고 다른 놀이를 찾았는데 많이 변화하고 성장했음을 또 한 번 느꼈다. 서로 골키퍼와 키커도 정하고, 순서를 바꿔 가며 공차기 놀이를 해 나갔다. 은주는 공차기보다는 공 위로 높이 던지기가 더 재밌다며 공을 반복해서 던지고 줍고 던지고 줍고 하였다.

▌2020년 10월 19일. 밧줄로 놀아 보다

유치원에 있는 밧줄로 놀아 보자고 제안을 했다. 우리 아이들의 특징! 교사가 놀이를 제안했을 때 거절하지 않는다.^^

밧줄로 어떤 놀이를 할지 아이들과 생각을 나누는 시간을 먼저 가졌다. 준하는 "누가 더 힘센지 줄다리기해요!"라고 이야기했고, 준호는 "달팽이 놀이해요!"라고 이야기했다. 두희는 생각이 잘 나지 않는지 긴 시간 생각을 하다가 "기차놀이 해요!"라고 이야기했다. 그 외에도 바람 놀이(줄이 바람에 날아가게 해 봐요), 뱀 놀이, 점프 놀이, 달기기 놀이, 줄넘기 등 다양한 놀이를 이야기했다. 다양한 놀이 중 어떤 놀이를 할지 한 가지를 정하지는 않았다. 아이들이 하고 싶은 놀이를 마음껏 해 볼 수 있도록 해 주고 싶었기 때문이다. 밧줄을 가지고 운동장으로 나갔다. 바구니에 가득 담긴 밧줄을 하나씩 잡고 잡아당겼다. 자연스레 밧줄을 놓고 길이를 비교한

아이들이 운동장에서 달팽이 놀이와 줄다리기를 하고 있다.

다. 준호는 멀리 당겨서 가져가더니 자신의 줄이 가장 길다고 웃으며 좋아했다. 하지만 준하가 오더니 "아니야! 여기 끝을 맞춰서 해야지!"라고 이야기하더니 준호가 꺼낸 밧줄을 당겨 줄의 끝을 똑같이 맞춘다.(준하가 길이를 비교하는 방법을 정확히 이해하고 있음을 알 수 있었다) 준하가 꺼낸 줄이 가장 길다는 것이 밝혀지고(?) 준호는 시무룩한 표정으로 줄을 들고 나에게 와서 "선생님 달팽이! 달팽이!"라고 이야기한다. 달팽이 놀이를 하고 싶은가보다. 긴 줄을 이용해 달팽이처럼 줄을 동그랗게 말아 주었다. 그리고 두희와 준하에게 "준호가 달팽이 놀이 하고 싶다는데 같이 해 줄래?"라고 제안하니 흔쾌히 고개를 끄덕였다. 엎어라 뒤집어라로 편을 나누고 가위바위보로 달팽이 안쪽과 바깥쪽 팀을 정한 후 달팽이 놀이를 시작했다. 그런데 준호는 그냥 계속 뛰었다. 다른 편을 만나도 뱅글뱅글 뛰었다. 그래서 우리가 그동안 해 왔던 달팽이 놀이의 규칙을 함께 이야기한 후, 다시 놀이를 시작하였다. 준호가 졌다. 준호가 울상을 지었다. 흥미를 잃었다.(경쟁과 승패를 나누는 것은 어린 연령의 아이들일수록 놀이의 지속성과 흥미에 영향을 많이 미치는 것 같다)

준호가 달팽이 놀이를 하고 싶다는 것은 그냥 밧줄로 달팽이 모양을 만들고 싶었던 것일까? 준호가 하고 싶었던 달팽이 놀이는 어떤 놀이였을까? 아이들이 놀이를 제안했을 때 어떤 놀이인지 직접 이야기해 보는 시간을 가져 보았으면 좋았을텐데… 라는 아쉬움이 들었다.

함께해야 하는 놀이에서 한 명이 흥미를 잃으면 자연스레 인원수가 많지 않은 우리 유치원 아이들은 뿔뿔이 흩어진다. 두희는 줄을 들고 와 "묶어 주세요! 기차 해요, 선생님!"이라고 하고 준하는 줄의 한쪽 끝을 잡고 당기며 뛰어간다.(줄다리기를 해 보자는 것이다) 아이들이 하고 싶은 놀이가 제각각이다. 교사는 한 명이다. 나는 어떻게 해야 하는가? 일단 두희가 가지고 온 줄을 묶어 나와 두희 몸에 걸었다. "칙칙폭폭! 출발~" 하며 뛰었다. 준하와 준호가 줄을 들고 우리를 잡겠다며 뛰어온다. 준하는 "똬리를 틀어야지 똬리!"라고 말하며 줄로 우리를 묶으려고 한다. 내가 "경찰이 포승줄로 묶는 것 같아~"라고 이야기하니 "도둑이다! 잡아라!"라고 하며 잡기 놀이가 되었다. 하지만 기차 놀이로 나와 두희가 줄 안에 같이 있어서 나의 속도를 따라오지 못한 두희가 넘어졌다. 다행히도 다치지 않았지만 기차놀이를 하고 싶었던 두희는 속상해 했다.

은주가 다시 기차놀이를 시작한다. 은주가 나에게 "선생님 기차 타세요! 같이 해요!"라고 이야기했다. 같이 기차 놀이를 시작했다. 다른 아이들이 재미있어 보였는지 우르르 몰려온다. 작은 줄 기차에 네 명이 서로 들어가겠다고 몸을 구겨 넣는다. 좁아서 걷기도 힘들어 보이는데도 아이들은 즐겁다. 웃음소리가 끊이질 않는다.

짧은 밧줄을 하나씩 들고 또 달린다. 까르르 웃음소리를 내며 계속 달린다. 가까이 가서 들어 보니 "뱀이다! 뱀!"이라고 하며 한 손에 잡은 밧줄을 흔들어 댄다. 뱀이 온다고 피하라고 하며 열심히 달린다. 달리는 그들은 즐겁다.^^;;

▌ 일단 그냥 나가본다(어떤 놀이들이 펼쳐질까?)

1) 잡기 놀이
요즘(10월 현재) 유치원 놀이터로 나가면 가장 많이 하는 놀이는 잡기 놀이다.

아이들이 정한 잡기 놀이의 규칙은 가위바위보를 해서 진 사람이 술래가 되고, 술래는 열을 센 후 다른 사람을 잡는다. 잡힌 사람이 다시 술래가 되고, 또 술래는 열을 세고 잡는다. 무한 반복이다. 미끄럼틀 아래에 숨기도 하고, 계단을 올라갔다 내려갔다 하기도 하고, 미끄럼틀 위에서 손과 다리에 힘을 주어 멈추어 있기도 한다. 잡기 놀이를 하며 변화한 아이들의 모습 중 하나는 술래가 되어 1에서 10까지 수를 세는 것이다. 만 5세인 준하를 제외하고 다른 세

명의 아이들은 1에서 10까지 수를 세는 것이 아직은 잘 되지 않았다. 그래서 술래가 되었을 때 나는 함께 말로 수를 세어 주거나 손가락을 함께 하나씩 접으며 수를 세어 주었고, 10월 현재 1에서 10까지 아주 능숙하게 셀 수 있다. 꼭 유치원 놀이터로 아이들과 나가면 아이들은 제일 먼저 "잡기 놀이하자! 잡기 놀이 할 사람!" 하고 큰 소리로 말한다. 그런데 신기하게도 더 넓은 학교 운동장으로 나가면 잡기 놀이는 하지 않는다. 왜일까? 아이들의 마음은 알다가도 모르겠다.

2) 모래 놀이

아이들은 모래만 보면 땅을 파고 싶은가보다. 놀이터로 나가면 자동으로 모래 놀이 삽을 들고 땅을 파기 시작한다. 물길 만들기, 삽으로 모래 위에 그림 그리기, 모양 만들기, 화산 만들기 등 모래에서 여러 가지 놀이들이 펼쳐진다. 은주는 모양틀에 모래를 채워 넣어 모양 만들기를 아주 좋아한다. 여름에는 모래가 너무 건조해 잘 뭉쳐지지 않아 모양이 안 나와서 많이 속상해 했는데, 그럴 때마다 물을 조금씩 가져다 주어 모래와 물을 섞어 모양을 만들곤 했다. 이제는 물레방아 도구는 마른 모래로, 성을 만들거나 모양을 찍을 때는 젖은 모래를 사용하여 마른 모래와 젖은 모래를 놀이 상황에 따라 바꾸어 사용하는 것을 보면 또 한 번 놀이를 통해 성장하고 있음을 느낀다.

모래 위에 그림을 그리는 아이들(위 사진)
과 비온 뒤 개구리를 관찰하는 아이들.

3) 마음대로 놀아요.(균형 잡기, 매달리기, 흙그림 그리기, 동·식
물 관찰하기)

요즘 아이들이 자신의 신체 능력에 관심을 가진다. 얼마나 오래,
얼마나 많이, 얼마나 무겁게 등 자신의 능력을 뽐내고 싶어한다고
해야 하나? 철봉에 매달려 누가 더 오래 버티나, 균형 잡기를 해서
누가 더 빨리 가는가? 아이들이 자주 하는 경쟁이다. 준하는 가장
높은 철봉을 잡고 싶어 올라가려고 도전을 해 보기도 한다. 놀이 속

의 경쟁이 아이들의 신체 능력 발달에 도움이 되고 있다.

산책하기 좋은 날이면 아이들과 산책을 자주 나가게 된다. 산책을 하며 만나게 되는 자연의 변화와 계절에 따라 달라지는 다양한 동·식물들은 아이들의 관심을 끌기에 충분하다.

비 온 뒤 산책은 흙과 다양한 곤충들을 관찰하기 좋다. 비로 인해 젖은 흙을 관찰하며 나뭇가지, 돌, 손 등을 이용해 자연스레 흙에 그림을 그려보기도 하고, 갑자기 나타난 개구리와 지렁이를 관찰해 보기도 한다. 흔들리는 나무를 바라보며 바람이 부는 것을 느끼기도 하고, 학교 펜스 밖에 주렁주렁 매달린 큰 호박과 운동장 옆에 가득 떨어진 도토리와 밤 열매를 만져 보고 주워서 가득 모아 보며 탐색을 하기도 한다.

가을이 되어 한창 수확 중인 황금빛 벼를 관찰하러 가며 옆 개울에 다슬기인 듯, 골뱅이인 듯, 우렁이인 듯한 아직도 정확히 알지 못하는 생명체를 관찰하기도 하고, 벼 냄새도 맡고, 만져 보기도 하며 가을을 가득 느껴보기도 한다.

잘 놀고 있는 것일까?

교실(실내)에서 노는 아이들은 놀이 속에 흐름이 있고, 한 가지 놀이가 변형되고 확장되며 지속된다. 그런데 바깥 놀이에서는 그런 놀이의 모습이 보이지 않는다. 교사가 제안한 놀이도 잠깐의 흥미만 보일 뿐 지속적으로 관심을 가지는 것도 아니다. 그냥 잡기 놀이, 달리기에만 관심이 가득하다.

내가 아이들의 성향? 관심을 모르는 것일까? 꼭 한 가지 놀이를 긴 시간 지속하는 것, 긴 흐름의 놀이만이 진정한 놀이일까? 잡기 놀이, 달리기는 의미 없는 놀이일까? 의미 있는 놀이와 진정한 놀이는 무엇일까? 많은 생각을 하게 된다. 하지만 '아이들에게서 발현되는 놀이를 통해 아이들이 좋아한다면, 그리고 즐겁다면 그것이 진정한 놀이 아닐까?'라는 생각을 하며 오늘도 아이들과 열심히 달리고 잡아 본다.

내일은 또 밖에서 어떤 놀이들과 어떤 만남들이 일어날까? 너무나도 좋은 이 날씨, 이 풍경에 오늘도 내일도 아이들과 함께 밖으로 나갈 채비를 해 본다.

무궁화꽃이 피었습니다

손은실

▌달님반

우리 유치원은 초등학교 병설유치원 혼합 연령 1학급이다. 올해 달님반은 4,5세 13명으로 학기를 시작했다. 초등학교도 전교 46명으로 작은 학교이고 운동장을 포함한 바깥 놀이 공간과 학교 밖 논밭으로 이루어진 산책길도 멋지다. 학교 밖은 좋은 환경으로 둘러싸여 있다고 볼 수 있다. 좋은 환경 탓에 바깥 놀이 시간을 자주, 길게 하려고 하고 있다. 아이들이 운동장으로 가게 되면 좋아하는 곳이 벚나무 밑이다. 그 벚나무 아래에서 꽃과 열매, 나뭇잎, 나뭇가지 등으로 여러 가지 놀이가 이루어진다. 이 놀이는 6월 8일~6월 11일까지의 '무궁화꽃이 피었습니다'를 기록한 것이다.

▌나는 안해!

민준　선생님. 내가 편지 봤는데 6월에는 계속 '무궁화꽃이' 해 요?

나　응. 하려고 해. 하지 말까?

민준　그럼. 내가 술래해야지.

나　술래 하고 싶어?

민준　네.

나　왜?

민준　술래는 왕이니까!

바깥 놀이 나가기 전에 민준이 묻는다.

민준　선생님 밖에 가면 무궁화꽃이 할거예요?

나　할까?

민준　나는 싫었어요. 애가(지석) 안 움직였는데 자꾸 나오라고 했어요. 술래도 하고 싶었고요.

현수　나는 슬펐는데.

"오늘은 하고 싶은 아이들끼리 할까?"

벚나무 밑에 가서 '무궁화꽃이…' 할 사람 모이라고 하니 지석이가 나무 앞에 섰다(술래를 하겠다는 뜻). 지수가 옆에 가서 오라고 한다. 지석이가 자기는 하겠다고 한다. 민준도 하겠다고 한다. 술래는 가위바위보로 시작하기 전에 정하는것이라고 했다. 지석, 은호, 장미, 현수, 지수, 찬준(찬준이는 좀 늦게 와서 가위바위보는 하지 않았다)가 모였다. 가위바위보를 했는데 민준이가 졌다. 민준은 "안 해" 하면서 가 버린다. 놀이하는 내내 놀이 기구 주위를 빙빙 돌면서 걷는다.

모두 주먹을 내고 은호가 보를 내서 이겼다. 은호가 술래다. 터치하고 아이들이 도망간다. 은호가 잡으러 간다. 지수가 천천히^^ 달려들어 간다. 중간에 멈춰 서지는 않았지만 느리게 출발선 안으로 끝까지 들어가지 않는다. 은호가 잡는다. 지수가 "술래다~~" 환호한다^^. 지수가 술래가 되었다. 놀이가 시작되었다. 지수는 세 번을 술래하는 동안 최선을 다해서 아이들을 잡지 않는다. 마지막 한 번 나무가 잡혔다. 나무는 최선을 다해 도망가다가 넘어졌다. 나무가 술래다. 현수는 멈추는 것을 잘 한다.

현수   지수가 너무 빨리 '무궁화꽃이 피었습니다' 해요.
나   그래? 다음 이야기 시간에 말해 보자.

지석은 술래를 하고 싶다. 술래하는 지수 옆에 서 있다. 지수

나무 아래에서 '무궁화꽃이 피었습니다'를 하는 아이들.

가 자꾸 들어가라고 한다. 지석은 계속 서 있다. "얘 안 해… 얘 안 해…" 하면서 서 있다. 연지가 간다. 은호, 장미도 간다. 현수도 간다. 지수와 지석이가 남았다. 지석이가 안 한다고 한다. 모두 흩어진다. 나무 그늘에서 민준한테 물었다.

나　　내일도 안 할래?

민준　안 해요. 지수만 술래해요

나　　가위바위보에서 네가 졌고 처음에는 은호가 술래했잖아. 은호는 지수를 잡았고 그래서 지수가 술래한건데?

민준　안 해요.

지석은 술래가 하고 싶다. 민준도 엄청 술래가 하고 싶다. 지수도 술래가 하고 싶다. 술래 문제를 아이들과 이야기해 봐야겠다. 현수가 이야기한 '무궁화꽃이…'를 빨리 하는것도 이야기하고. 속상했던 민준과 지석, 현수의 이야기도 들어 봐야겠다. 지수를 보니 웃음이 나온다.

▌규칙 정하기

날이 너무 더워서 강당 밑 공간으로 갔다. 잠깐만 놀이하고 들어올 생각으로 갔다. 시간도 늦어져서 딱 한 번만 하고 오자고 했다. 전체적인 놀이 규칙을 익히기 위해 선생님이랑 한 번 하고 그 다음부터는 하고 싶은 사람끼리 하자고 했다. 어제 '무궁화꽃이…'에서 속상했던 일을 이야기하자고 하니 현수가 손을 든다.

현수   지수가 너무 빨리 "무궁화꽃이 피었습니다" 해요
나   너무 빨리 하면 어떨까?
은호   그러면 가지도 못하고 오지도 못하고 그대로 서 있어요.
민준   난 술래하고 싶어요.

적당한 속도의 '무궁화꽃이 피었습니다'를 몇 번 연습했다. 모두 같이.

밖에 나가서 내가 먼저 술래를 한다. 우리가 약속한 규칙은

하나. 선을 정하기(출발선도 되고 도착선도 되어서 도착선 안에 들어가면 술래가 못 잡는다)

둘. '무궁화꽃이 피었습니다'를 천천히(적당한 속도로) 말하기

셋. '다'에 멈추기

('다'에 멈추는 것은 잘 되지 않는다. 멈춰야 이게 재미있는건데…. 이건 천천히 약속을 정하기로 한다)

넷. 술래를 터치하든지, 잡힌 아이들의 손을 터치하든지 하고 도망가기.

민준이가 잡혔다. 술래를 한다. 민준한테 은호가 잡힌다. 은호가 운다. 선 안으로 들어왔는데 잡았다고 한다. 찬준이가 술래하고 싶다고 민준을 자꾸 방해한다. 민준은 찬준보고 들어가라고 하고 찬준은 술래하고 싶다고 하고…. 지석이도 술래하고 싶다고 벽 앞에 섰다. 술래를 아이들과 이야기해서 해결해야겠다.

▌하고 싶은 사람만 하기

날이 좀 더운데도 아이들이 운동장으로 내달린다. 그중 지석은 '무궁화꽃이…' 나무 앞에 섰다. 술래를 하고 싶다는 이야기다. 처음에는 3명이 모였다. 터치하고 도망가니 지석이가 민준을 잡는다.

여기에서 몇 번을 했더니 '무궁화꽃이…' 술래를 하는 나무와 출

이것도 놀이야

하고 싶은 사람만 '무궁화꽃이…' 하기.

발선을 안다. 출발선 안에서는 움직여도 된다는 연지와 그 규칙을 못 들었는지 찬준이가 연지보고 자꾸 나오라고 한다. 오늘은 밖에서 '무궁화꽃이…'를 안 하겠다는 아이들이 있었다. 술래잡기도 하고 싶고 그냥 놀고 싶고….

처음 한 번은 모두 같이 '무궁화꽃이…'를 하고 다른 것을 시작해야겠다.

▌남자 팀, 여자 팀 하면 어때요?

날씨가 며칠 계속 덥다. 아이들은 마스크를 하고 있지, 날은 덥지, 에어컨을 켜지 않을 수 없다. 나도 마스크 때문에 견디기 힘들다. 웬만하면 교실에 있고 싶다는 생각이 들지만 그래도 나가지 않으면 7, 8월에는 실내에서만 있어야 한다. 시간을 짧게 해서라도 밖에 나가야 된다고 생각하고 있었다. 아이들이 물어 준다.

아이들 오늘 바깥 놀이 나가요?
나   응.
아이들 앗싸! 바깥 놀이 나간대.
지수   나는 '무궁화꽃이…' 해야지.

'무궁화꽃이…'에 대해서 특히 술래를 하고 싶은 아이들이 많고 속상해 하는 아이들이 있어 술래에 대한 이야기를 하고 싶었다.

나   술래하고 싶은 친구들이 너무 많고 또 속상해 하는 친구들
        이 있더라. 지석이도 하고 싶고 민준도 지수도…."

"저도요 저도요 저도요…." 아이들이 여기저기 말한다.

장미   좋은 생각이 있어요. 팀을 나누는거. 2팀 나누면 술래가 2

명 돼요

나   아~ 그럼 다섯 팀 하면 다섯 명이 술래가 되는거네.

지수   술래가 많으면 싫어요.

나   아니. 술래는 1명이고 팀을 2팀으로 나눈다고.

지수   싫어요. 하고 싶은 친구들하고 못 하잖아요.

나   아~ 그럴수도 있겠다. 그러면 지수는 모두 같이 하고 싶구
     나. 그럼 어떡하지?

솔지   남자 팀, 여자 팀 하면 어때요.

지수   안 돼요. 남자 친구들이 좋아하는 여자 친구하고 못 하잖아
     요.

나   그럼. 손들어 볼까? 여자 팀, 남자 팀 두 팀으로 나눠서 하
     는 것 어떠니? 싫은 사람 손들어 봐.

지수, 현수, 민준이 손을 든다.
다시 한번 묻는다.
현수와 민준이 손을 내린다.

나   너 혼자 남았는데?
     지수도 얼른 손을 내린다.

나   그럼 오늘은 여자 팀, 남자 팀 하고 다음에는 또 가족끼리
     도 하고….

민준   싫어요. 우리 가족은 맨날 엄마, 아빠 싫대요.

강당 밑에서 '무궁화꽃이…'를 하는 여자 팀.

나   그 가족말고 우리 반 꽃가족, 어벤져스… 말이야.

현수   그럼 우리 가족은 세 명밖에 안 돼요.

나   그럼 여러 가족 합쳐야지.

  모두 같이 '무궁화꽃…'를 하고 난 다음에 마음대로 놀기로 했다. 두 팀을 나누고 동그랗게 서라고 했다. 동그랗게 안 선다고 민준이가 찬준이를 때렸다. 찬준이가 운다. 여자 팀은 한참을 의견이 맞지 않는지 남자 팀이 시작했는데도 아직 술래를 못 정했다. 그래서 가위바위보를 하라고 했다.

  장미가 술래다. '무궁화꽃이…'를 하다가 솔지가 잠자리를 밟아 죽였다고 소리를 지른다. 솔지가 징그럽다고 죽였다 한다. 좀 있다

강당 밑에서 '무궁화꽃이…'의 술래를 정하기 위해 가위바위보를 하는 남자 팀.

보니 장미만 벽에 술래를 하고 있고 모두 없다. 옆 도랑에 개구리가 있다고 모두 뛰어가서 보고 있다. 모두 모여서 소감을 이야기하는 시간에 장미가 "내가 '무궁화꽃이…'를 하는데 소리지르면서 갔어요" 한다. 속상해서 한참 엎드려 있었다. 여자 팀은 무궁화 놀이에 집중하지 못했다.

▌ 나 술래 하고 싶은데 자꾸 안 잡혀요

남자 팀은 가위바위보에서 지석이가 졌다고 지수가 나가 있다. 지석은 가위바위보로 술래정하는 것을 받아들이지 못하고 벽에 제일 먼저 서 있었다. 가위바위보를 해서 술래를 정하는 것이라고 해서 데려온 상태인데 졌나 보다. 민준과 찬준이가 가위바위보로 술래를 정하면 된다. 민준이가 이겼다.

  남자 팀은 민준은 술래를 하고 싶고 지수도 술래가 하고 싶고 물론 둘 다 규칙에 의해서 술래가 정해진다는 것을(첫 번째는 가위바위보, 그 다음부터는 잡혀야 술래가 된다는 것) 안다. 그래서 멈춰서지는 않지만 누가 봐도 술래가 되고 싶어서 잡힐려고 노력한다.^^ 5명 중에는 현수만 술래를 안 해도 괜찮은 것 같고 4명 모두 나름의 이유로 술래가 하고 싶다. 지석이와 찬준이는 아직 술래가 될 수 있는 규칙을 받아들이지 못한다. 그래서 민준이가 술래가 되면 그 옆에 찬준이가 가서 술래를 한다고 같이 기대고 있고 지석이는 자기가 술래를 하고 싶다고 계속 이야기한다. 급기야 찬준이가 나한테 이렇게 말한다.

  찬준   선생님! 나 술래하고 싶은데 자꾸 안 잡혀요.(발을 굴러가며)

  남자 팀도 서로 술래하고 싶어서 잡혀 주고, 술래 2명 서 있고, 움직였다고 나오라고 하는데 안 나오고, 술래가 잡으러 가고 하느라 '무궁화꽃이…' 놀이보다는 잡기 놀이에 가깝다.

  음, '무궁화꽃이…' 놀이로만 생각하기에는 많이 어수선해진다. 그러나 자세히 보면 규칙을 꼭 지키지 않아도 아이들이 즐겁게 도망가고 멈추고 소리를 지르고 웃고 잡고 속상해 하고 화내고 술래하고 싶고… 그렇게 놀이를 하고 있다. 여기서 내가 '꼭 그건 아니지 하고 규칙을 지켜야지' 하고 말할 필요가 있을까?

　그러나 한번은 환기를 시켜 주어야 할 것 같아 마지막에는 모이게 해서 내가 술래를 하고 다같이 무궁화꽃이 놀이를 한 번 했다. 여기에선 '멈추는 것'과 '술래가 나오라고 하면 나오는 것', '터치하고 도망가는 것', '선 안으로 도망가면 잡지 못하는 것'을 지켜 달라고 이야기했다.

▌음…. 무궁화꽃이 놀이로만 생각하기에는 많이 어수선해진다

　처음 시작이 자연스러웠고 아이들과 이야기하면서 계속 이 놀이가 지속되기를 간절히 교사로서 바랐는데 아이들이 이 강당 아래서 놀이를 하고는 그 이후로는 뜸해졌다. 규칙과 술래하고 싶은 마음, 속상함, 약간의 공간이 주는 더위 등등이 합쳐져서 더는 안 하게 되었다. 그 이후에는 잡기 놀이를 더 많이 했다. 몇 번의 놀이로 아직 규칙이 익숙하지 않은 4세 아이들이 규칙을 완벽히 익혀 무궁화꽃이 피었습니다 놀이를 하기를 기대하지는 않는다.

　마지막에는 무궁화꽃이 놀이라기보다는 잡기 놀이와 섞여 어수선함까지 더해졌다. 그러나 규칙이 잘 지켜졌을 때, 이 아이들이 느낀 어떤 것이 지금의 어수선함에서 느껴지는 어떤것보다 더 아이들에게 좋았을 것이라고는 장담하지 못하겠다.

코스모스꽃이 피었습니다

유재은

___

    마을로 산책을 다녀오며 여러 가지 가을꽃을 보았다. 아이들은 국화꽃 등을 비롯해 여러 가지 꽃들을 한참을 서서 보았고, 그렇게 유치원으로 돌아와 점토에 내가 찾은 가을 열매를 붙였다.

▌ 코스모스꽃이 피었습니다 1차
- 멈출 때 눈 감기 (2019년 10월 29일)

    나뭇잎과 열매로 표현하는 것을 먼저 끝낸 아이들이 운동장으로 뛰어갔다.

'무궁화꽃이 피었습니다'를 하며 노는 아이들.

창진 '무궁화꽃이 피었습니다' 할 사람!!

지민 나! 나도 하자! 야! 빨리와

아이들은 서둘러 나뭇잎을 옹기토에 붙이고 운동장으로 뛰어갔다.

재희 무궁화꽃이 피었습니다 말고 코스모스꽃이 피었습니다로
하자.

교사 어떻게 할 건데?

연희 코스모스꽃이 피었습니다 할 때 눈을 감아요.

교사   눈 뜨면 술래한테 걸리는거야?

재희   네!

교사   그렇게 해 볼까?

아이들 네!!

(놀이 후)

교사   눈감고 '코스모스꽃이 피었습니다'를 해 보니 어땠어요?

연희   재미있었어요.

원찬   근데, 너무 답답해요.

창진   내일은 눈 감지 말고 해요.

교사   눈 감지 않고 다른 방법으로 바꿨으면 좋겠어?

수민   내일은 멈췄을 때 춤 춰요.

원찬   이렇게.(일어나서 춤을 춤)

원찬이가 춤을 추자 여러 명의 아이들이 일어나서 함께 춤을 추었다.

▌코스모스 꽃이 피었습니다 2차 (2019년 10월 30일)

창진이 밧줄을 들고 나가 출발선을 만들었다.

재희   오늘은 어제 술래 못 한 사람이 술래해요.

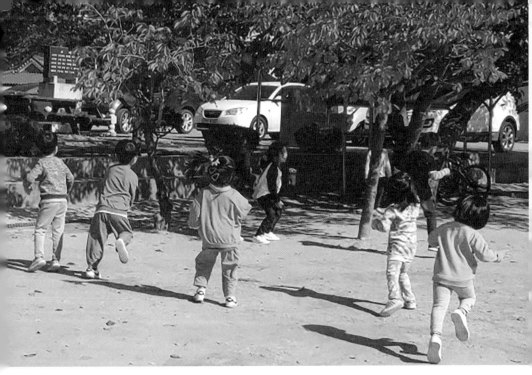

'코스모스 꽃이 피었습니다'를 하며 노는 아이들.

아이들 말대로 어제 술래를 하지 못한 연희가 술래를 했고, 아이들은 코스모스꽃이 피었습니다에 멈추면 마음대로 춤을 췄다. 일부러 술래한테 걸리고 싶어서 춤을 추지 않는 아이도 한 명 있었다. 아이들은 모두 재미있다며 즐거워 했지만 지민이는 "세 번 정도 하고나서 춤추니까 힘들어요" 했다.

오늘은 종이컵 놀이에 시간을 많이 보내고 나와 코스모스꽃 놀이는 짧게 끝났다.

교사 오늘의 코스모스꽃 놀이는 어땠어요?

지민 춤추는 거 힘들었어요.

연희 멈출 때 춤추는 거 말고 그냥 눈 감고 움직이지 않는걸로
      해요.

교사 다른 사람들 생각은 어때?

수민 그냥 춤추는 걸로 해요.

교사 지민이는 힘들다는데?

수민 그래도요.

은별 눈 감고 가다가 춤추면 어때요?

교사 은별이는 눈 감고 가다가 멈출 때 춤추자는데 너희들 생각
      은 어때?

아이들이 "싫어요, 좋아요"로 나뉘어 서로 소리를 높였다.

교사 그럼, 오늘은 집에 가서 모두 방법을 생각해 보고 내일 아
      침 다시 정하는 걸로 하자. 그렇게 하면 되겠니?

아이들 네.

'무궁화꽃이 피었습니다' 하나로 아이들은 다양한 놀이를 만들고
있다. 내일은 아이들이 또 어떤 놀이를 만들게 될지 궁금하다.

'핼러윈꽃이 피었습니다'를 하며 고스트 흉내를 내는 아이들.

코스모스 꽃이 피었습니다 3차(2019년 10월 31일 핼러윈 데이)

수민 오늘은 핼러윈꽃이 피었습니다를 해야하는 거 아니에요?

교사 핼러윈꽃이 피었습니다? 그건 어떻게 하는 거야?

재희 멈출 때 고스트처럼 멈추는 거에요.

수민 도망갈 때도 고스트처럼 가야지.

밖으로 나가 아이들은 '할로윈 꽃이 피었습니다' 놀이를 준비했다. 어제 마지막으로 잡혔던 다연이가 술래가 되어 시작했다. 아이들은 술래를 향해 걸어갈 때는 고스트처럼 걸어갔지만 돌아올 때는 술래한테 잡힐까봐 열심히 뛰어갔다.

오늘 퍼레이드와 할로윈 꽃 놀이를 보니 특히 화영이, 재희, 연희가 고스트의 움직임을 표현하는 섬세함이 놀라웠다.

▌뱅글뱅글꽃이 피었습니다 4차(2019년 11월 1일)

오늘은 '뱅글뱅글꽃이 피었습니다'로 이름을 바꾸어 뱅글뱅글 돌며 술래에게 다가가다가 술래가 볼 때 멈추는 방법으로 놀이를 하였다.

원찬　뱅글뱅글 도니까 너무 오래 걸려요.

지선은 1차 때 했던 눈감고 하는 '코스모스꽃이 피었습니다'와 헷갈렸던지 눈까지 감고 했다.

2020년에 만난 아이들은 5살 2명, 7살 2명의 아이들이고, 바깥 활동은 주로 초등학교 2학년 남자 아이도 함께 한다. 5살 유아 중 1명은 아직 규칙이 있는 놀이를 어려워 하여 단독 놀이나 병행 놀이 등을 즐기고, 나머지 3명은 규칙이 있는 게임이나 연합 놀이를 즐긴다. 연합 놀이를 즐길 수 있는 아이들이 유치원에 3명뿐이다 보니 어떤 놀이가 만들어져 시작되어도 금방 시시하게 끝나는 경우가 많다.

단 한 번 피어난 꽃.

▌21년에 피어난 단 한 번의 무궁화꽃

2학년 재민이가 아이들을 부른다.

재민 '무궁화꽃이 피었습니다' 할 사람!

하연이와 준수, 은혁이가 "나!" 하며 재민이에게 달려가서 '무궁화꽃이 피었습니다' 놀이를 시작한다. 준수와 은혁이가 움직이다가 술래에게 잡혀 가고 하연이만 남았다.

재민 무궁화꽃이 피었습니다. 만세!

무궁화 꽃이 피었습니다 끝에 만세를 붙여 외치자 하연이는 두 팔을 벌려 만세 부르는 흉내를 내고,

재민   무궁화꽃이 피었습니다. 밥 먹어!

외치자 하연이는 밥먹는 흉내를 낸다.
먼저 잡힌 준수와 은혁이는 하연이의 흉내가 재미있다는 듯 구경한다. 술래가 딱 한 명 남아있던 하연이의 움직임을 포착해서 부르자 놀이는 싱겁게 끝나버린다.

2019년도의 아이들은 산책하다 만난 코스모스로 인해 '무궁화 꽃이 피었습니다'를 '코스모스 꽃이 피었습니다'로 바꾸어 놀이를 하면서 며칠 동안 그 놀이가 버전을 달리하며 이어져 갔다. 놀이의 이름도 바꾸며 바꾼 이름의 특징을 살려 움직이는 방법도 바꾸었다. 그 과정에서 그동안 교실에서 전혀 눈에 띄지 않던 아이의 표현력을 교사가 알게 되는 계기가 되었고, '무궁화 꽃이 피었습니다' 하나가 이렇게 다양한 버전으로 이어질 수 있다는 것이 신기했다. 아이들 또한 자신들이 놀이의 방법을 바꿔가며 놀이하는 것에 대해 자부심과 즐거움이 있었다.

　하지만 2020년에 만난 4명의 아이들은 '무궁화 꽃이 피었습니다' 놀이를 하지 않았다. 어느 날 재민이가 요청해서 시작된 놀이지만 아이들이 금방 술래에게 잡히자 이 놀이에 대한 흥미를 잃었다. 다만 재민이가 "무궁화꽃이 피었습니다. 만세!"라는 독특한 주문을 넣는 방식은 작년의 아이들이 놀이의 버전을 달리하는 것과 비슷한 양상이었고, 유일하게 7세인 하연이가 그 요구에 반응하며 놀이를 이어 갔지만 놀이에 참여하는 아이의 수가 적고, 표현하기를 쑥스러워하는 남자 아이들이 많아 놀이가 다양하게 발전할 수는 없었다.

　'무궁화 꽃이 피었습니다'와 같은 놀이는 놀이를 지속하기에 중요한 요소 중 하나가 놀이를 지속시킬 수 있는 다양한 아이디어와 다양한 아이디어를 낼 수 있는 다수의 아이들라는 생각이 들었다. 놀이 중심 교육 과정이 진행되며 놀이가 촉진되고 활성화되기 위해서는 학급당 인원수가 너무 많아도, 너무 적어도 어려운 점이 있는 것 같다.

보물찾기만 한 게 없지!!

이유정

▌한 발짝 가을

가을은 높은 하늘에 따스한 햇살과 선선히 부는 바람까지 나가 놀기에 이보다 좋을 수 없는 계절이다. 가을이 되면서 매일같이 바깥에 나가 하늘 걷기 거울로 하늘을 살펴보고 나무 사이에 줄을 이어 색색깔의 나뭇잎, 꽃잎, 풀잎 들을 찾아와 나무 집게로 집어 전시회도 열어 보았다. 아이들은 가을이 되면서 읽었던 『가을의 스웨터』 동화책 속 가을 산, 가을에 있는 소리, 색 등을 기억을 했는지 표현이 풍부해졌다.

나무잎, 꽃잎, 풀잎 들을 나무 집게로 집는 아이.

민수 선생님 이 나뭇잎은 해님의 노란색이에요~
정호 따뜻한 코코아색이에요!
서연 이렇게 예쁜 꽃도 있어요~ 가을엔 무지개색도 있어요.

어릴 때 소풍 가면 숲 속에서 했었던 보물찾기에서 나는 보물을
찾아냈던 기억이 거의 없다. 그래도 보물을 찾기 전 그 설렘과 기대
감 그리고 친구들보다 먼저 찾아야 한다는 긴장감은 그 모든 것을
뛰어넘어서는 보물을 찾았을 때의 성취감이 있다.

가을에 모든 것들이 보물 같아 가을 속에서 보물찾기를 하려고
생각했다. 아이들은 나뭇잎, 사과, 감 등 다양한 가을의 보물들을
이야기했다.

사실 내가 준비한 보물은 곤충이었다.

운동장 곳곳에 숨겨 놓은 곤충 모형을 찾는 아이들.

교사   애들아 바로 곤충이야!
지호   윽!
서연   곤충이라니.
은비   난 곤충 무서운데.

자연스러움을 위해 아이들에게 축구공을 주고 운동장에서 정신
없이 뛰어놀도록 하였다. 그동안 크고 작은 10~13가지 곤충 모형들
을 나무 옹이 속, 말라빠진 솔잎 더미 위, 철봉 위, 민들레 풀잎 밑,
여기 저기 숨겼다.

그리고 찾기 시작!

아이들은 생각보다 훨씬 빨리 찾아냈다. 아이들 눈높이여서 잘 보였던 건지, 내 머릿속을 들여다본 것처럼 속속들이 찾아 소리를 질렀다.

"찾았다!" "여기다!" "메뚜기다!"

6살 은비와 전부터 벌레를 무서워 하던 5살 태현이는 엄두를 못 내고 다른 친구들이 잡아 온 곤충들을 옆에서 흘깃 보고는 소리지르고 달아나기만을 반복했다.

친구들은 또 그런 모습을 보고 곤충 모형으로 "으악!", "이것 봐라~" 놀래키며 킬킬거렸다. 그렇지만 아직 거미가 안 보였다. 워낙 큰 왕거미라 기억이 나는데 어디에 숨겨뒀는지 생각나지 않았다.

교사   얘들아 거미가 안 보여~ 거미가 어디에 있을까? 선생님이 어디 숨겼는지 기억이 안나.

은경   거미야 나와라~ 거미야! 거미야~

거미에게 하는 이야기인지 거미에게 들으라고 불러 댔다.

구석구석 찾아다니기보다 거미만 외치고 다닌다. 과연 그러면 거미가 자기 발로 나올까?

그러다 6살 서연이가 사뭇 진지하게 "선생님 장난감 거미가 진짜 거미가 되어서 살아 움직여 가지고 그래서 도망가 버린 게 아닐까요?" 그 말을 듣자 나는 생각했다. 자기가 가장 좋아하는 인어 공

나비 모형을 찾은 아이.

주조차도 실제로 없으며 아쿠아리움에서 본 인어 공주도 물안경을 끼고 있었으며 이건 분명 사람이 분장한 거라고 조잘조잘 말하는 서연이가 이렇게 천진난만하게 이야기를 하다니 정말 아이들은 지금 이 놀이에 몰입하고 있는 것이 아닐까 생각되었다.

▎두 발짝 가을

다음 날, 하나둘씩 아이들은 등원해서 교실에서 놀이를 하는데 6살 동수가 다가와 말했다. "선생님 벌레 잡으러 가요!" 어제 했던 곤충 찾기가 하고 싶은 모양이었다. 다른 6살 지호도 "벌레 찾고 싶다~" 말을 보탰다. 그래 그럼 하러 가야지

이번엔 나가서 아이들이 직접 숨기기로 하였다. 지호, 은비, 수진, 서연이가 유치원 놀이터 구석구석 숨겼다. 찾을 친구들을 보고 있느라 나는 미처 어디 숨기는지 보질 못했다.

지호, 은비, 수진, 서연 "선생님 다 숨겼어요~"

나머지 아이들이 찾으러 갔는데 웬걸 훨씬 더 잘 찾았다. 나는 생각지도 못한 미끄럼틀 안, 사철나무 속, 계단 밑, 서로를 너무 잘 알기에 항상 함께 놀기에 오히려 더 뻔했나 보다.

태현이는 유치원에 처음 왔을 때부터 날아다니는 파리 한 마리가 무서워 혼자 복도도 못 나가고 혼자서는 양치도 볼일도 못 볼 정도로 유독 벌레에 겁이 많았었다. 그런데 태현이가 어제 엄두도 못 내던 손바닥만 한 큰 모형 벌레를 찾았다며 개구진 표정으로 들이밀었다. 비록 장난감 모형이었지만 손바닥에 그 곤충 모형을 올려 놓고 자세히 들여다보았다.

아이들이 찾아 온 곤충 모형을 하나, 둘 세어 보니 하나가 안 보이는데 머리를 쓰며 생각하니 사슴벌레. 6살 서연이가 숨겼나 보다.

"선생님 제가 이 나무에 숨겼는데 사라졌어요…."

"얘들아 여기 사슴벌레가 있었대 잘 찾아보자!"

아이들은 주저 없이 땅바닥에 무릎을 꿇고 엎드리며 숨겼다는 둥근 향나무 주변을 기웃기웃거렸다. 까칠까칠한 초록 나뭇잎을 서슴없이 맨손으로 헤쳐 보았다. "선생님 저기 안에 있어요!" 5살 동생들보다도 키가 작아 늘 앞에 섰던 6살 은비가 자신의 작은 키로 톡톡히 제 역할을 해냈다.

또 다음 날이었다. 이 날은 학교에서 '독도의 날' 행사가 있어 전 교생이 다 함께 독도 머그컵을 만들고 사진을 찍으며 작품이 완성되길 기다리는 중이었다. 기다리면서 장난을 치는데

지호   선생님 벌레 찾기 해요!

오늘로써 삼 일째 얼마나 재밌는지 또 아이들이 먼저 하고 싶다고 이야기를 해 왔다. 운동장까지 나가는 시간까지 하면 부족한 15분 정도였지만 1분이라도 더 하기 위해 서둘러 운동화로 갈아신고 나갔다. 이번에도 아이들이 곤충 모형을 숨겼다.

눈으로 스윽 숨긴 모양새를 훑어 보니 아니 그네 위에 곤충 모형을 살며시 올려 두었다. 근데 자세히 보지 않으면 잘 보이지 않는다. 곤충이 '저 여기 있어요.' 할 만큼 눈앞에 있지만 빨간 그네 의자엔 바퀴벌레 같이 생긴 갈색 벌레를 초록 그네 의자엔 초록 메뚜기를 올려놨다.

'곤충이 자신의 몸을 지키기 위해 주변 환경과 비슷한 보호색을 가지고 있단 걸 아이들은 아는 걸까?'

아이들은 굳이 말하지 않아도 서너 번 정도 해 보면서 자연스레 알게 된 것 일지도 모른다.

아직 개수가 부족해 보였다. 찾아야 하는 서연이가 숨긴 친구들

숨긴 모형 곤충을 찾는 아이들.

한테 "힌트 좀 줘~"라며 알려 달라고 했지만 숨긴 친구들은 하나 같이 "내가 숨긴 건 이미 다 찾았어." 하는 소리였다. "아니 그럼 또 다른 사람이 와서 숨긴 걸까?" 그렇게 이야기하는 대화가 참 귀여 웠다. 그러자 5살 태현이는 "선생님 제가 너무 꽁꽁 숨겼나 봐요." 실토했다.

아이들은 태현이에게 가서 "어디 숨겼어~ 도대체 어디 숨긴거 야?" 물어보았지만 기억이 정확히 안 나는 듯했다.

태현   "모래에 숨겼어요. 나비를 숨겼는데… 모래 속에….""

듣자마자 어떻게 찾아야 될지 걱정이 되었다.

그네 위에 올려 놓은 곤충 모형. 그네 색깔과 곤충 모형의 색깔이 비슷해서 찾기 쉽지 않다.

하지만 그걸 들은 수진이는 "야아, 나비는 모래 속에서 안 살잖아!"라고 했고, 수경이도 "그래그래 우리 애들은 땅 속에 안 살잖아."라고 한다. 아이들의 대답은 항상 내 예상을 벗어난다.

결국 점심을 먹으러 가야 하는 시간이 되어 어쩔 수 없이 곤충 모형 한 마리를 찾지 못하고 돌아섰다. 숨겼던 5살 태현이는 "기억이 안 나요. 생각이 안 나요." 말하고 6살 서연이는 "나비 불쌍해." 걱정을 하며 교실로 돌아가야 했다.

미처 못 찾은 곤충 모형은 나중에라도 찾으면 되고 잃어 버리면 어쩔 수 없지만, 너무 실제처럼 생기다 보니 혹시나 초등학생이나 다른 사람이 보고 놀라진 않을까 걱정될 뿐이었다.

아이들이 찾은 곤충 모형들.

▌우리가 찾은 보물

그 후로도 우린 가끔씩 철봉 밑을 지날 때면 문득 나비 생각이 들어 찾아보기도 했다.

서연　나비가 날아갔을 거야.
수진　꽃으로 간 게 아닐까 꽃으로 가 보자.

아이들의 상상 속에서 나비는 차갑고 컴컴한 모래 속이 아닌 향기로운 꽃밭에서 훨훨 날고 있는 것만 같았다.

가을 숲속에서 한 벌레 찾기 놀이는 단순하지만 무궁무진한 놀이처럼 느껴졌다. 지금은 곤충이지만 아이들이 좋아하는 자동차 모형, 음식 모형 등 다양한 재료들을 사용해도 충분히 즐거울 거라고 생각했다. 처음엔 숨긴 곤충 모형을 찾아보는 데 큰 재미가 있는 놀이라고 생각했지만, 실제로 아이들에겐 그저 숨기고 찾기만 하는 보물찾기가 아니었다. 곤충 모형 하나하나마다 어울리는 이야기가 있었고 찾아가는 과정에서 아이들이 성장한 모습들을 발견할 수 있었다.

보물찾기 놀이를 통해 벌레를 무서워하는 아이가 실제로 만난 벌레 앞에서 용감해졌고 현실에 대해 너무 많이 알고 있는 듯했던 아이의 순수하고 감성적인 마음이 드러났다.

교사가 아이들의 관심과 생각에서 시작하여 교사가 지원해 주면서 아이들이 즐거워한다면 놀이라고 생각한다. 여러 학문적인 놀이에 대한 정의, 조건들이 많지만 얽매이지 않으려고 한다.

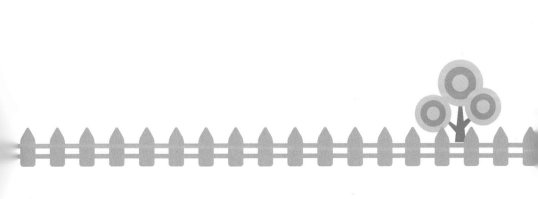

우리들은 어떤 변화와
마주하고 있나?

가지는 변화를 다루었다. 학습 공동체에서 동료 교사들과 수업 나눔을 하고 놀이 중심 교육 과정에 대한 고민과 이야기를 나누면서 교사인 우리는 어떤 변화와 마주하고 있나를 이야기하고 싶었다. 아이들을 보는 시선이 바뀌고 우리들의 수업에 대한, 교육 과정 운영에 대한, 기록에 대한 작은 변화가 조금씩 놀이 중심 교육 과정으로 나아가고 있는 것이라고 생각하기 때문이다. 현장에서 그 작은 변화가 의미 있게 다루어지길 바란다.

아이에게로 마음을 돌리다

김민아

변화에 대해 이야기하려니 놀이, 유아 중심을 처음 대했던 그때의 내 모습이 주마등처럼 스쳐 지나간다.

우리는 교사 연구 동아리에서 개정 누리 과정이 개정되기 이전부터 놀이 중심 활동에 대해 서로의 수업을 공유하고 고민을 나누고 있었다.

간간이 게으름을 피우기는 했으나, 나는 연구 모임이 좋았다.

그곳에서는 온전히 수업에 대해 고민하는, 수업 전문가로서의 교사일 수 있어서 좋았다.

그럼에도 불구하고 놀이 유아 중심 교육 과정은 꽤 오래 나에게 계속 물음표였다.

'교사가 아이들의 놀이를 따라가라니….

단지 교사는 놀이의 지원자, 지지자의 역할을 하라니….

그러면 계획안은? 평가는? 나는 무엇을 가르쳐야 하지? 아이들이 마땅히 알아야 할 것들을 무시하라는 건가? 그래서 내가 가르치는 아이들이 뒤처진다면 그 책임은?'

수많은 내적 갈등으로 내린 나의 결론은 '좋은 흐름이긴 하니까 수업의 일부 시간에 놀이 중심을 넣자'로 타협점을 찾아가고 있었다.

그러던 어느 날, 교사와 아이들에 대한 고정 관념이 깨진 그날에 관한 이야기가 필요할 것 같다.

그날도 여느 때와 다름없는 연구 모임.

모임의 리더가 퍼실리테이션을 해 보자고 제안했다.

각자 자기 삶에 대해 질문해 보는 시간.

내가 가장 기뻤을 때는? 가장 힘들었던 때는? 나의 인생 곡선을 그린다면? 지금의 나는 어디쯤 왔을까?

한 번쯤 들어봤을 그 평범한 질문들 앞에서 이상하게 마음이 무너졌다.

나는 아이들을 만나기도 전에 1년의 계획을 세우고, 그 계획을 차곡차곡 수업안에 녹여 내며 아이들을 잘 성장시키는 완벽한 교사이고 싶어 했다,

그러나 그날 내 안의 것들을 꺼내 놓고 보니 나는 불안정하고 수없이 흔들리는 존재였다.

그날 내 안에서 들려오는 속삭임.

하하~ 어쩌면 아이들보다 내가 나을 것이 없겠다.

그렇다면 한번 진짜 아이들을 따라가 보자

아이들이 무엇을 선택하고

거기서 어떤 이야기가 나오고

또 어떻게 흘러가는지

한번 가 보자.

졸졸 흘러가 사라져 버리든

작은 강으로 흘러가든

큰 바다로 흘러가든

따라가 보자~

그 이후 교실 안에서 놀이 중심이 펼쳐지는 모습을 조금은 너그럽게 볼 수 있었다.

지금도 시시때때로 갈등하고 헤매기는 한다.

하지만 그렇게 아이들을 관찰하며 아이들에게 작게 크게 놀라는

일이 많아졌다.

예전에는 수업을 해내기에 급급해서 보지 못하던 아이들의 말과 행동이, 표정이, 눈빛이 조금씩 보이기 시작했다.

그렇게 나는 아이들의 이야기에 귀 기울이다가 그 이야기를 동요로 만들었다.

놓치기 싫은 그 이야기들이 나와 우리들의 노래가 되었다.

나는 아침 출근 시간 운전 중에 오늘 일과를 예측하고, 점검하는 버릇이 있다.

이전과 이후로 나누기가 우습기는 하지만, 이전에 나는 출근하며, '어떤 수업을 어떻게 전개해 나갈지'를 생각하며 운전을 했다.

그런데 차츰 '오늘은 어떤 아이들을 유심히 볼까? 어제 아이들과 못다 한 놀이가 뭐였지? 내가 놓쳐서 흘려 보낸 놀이가 있지는 않았나? 그 놀이 상황에서 누가 의식적으로 배제되지는 않았나? 그랬다면 그 마음을 어떻게 안아 주고 실마리를 풀어가지?'라는 생각을 한다.

어느 틈엔가 유아, 놀이 중심은 내 삶에 이렇게 스며들고 있다.

수업을 중시했던 나에서 아이들을 바라보는 나로….

'관심'이 생기다

김미화

선생님들과 유아·놀이 중심 교육 과정을 실천하면서 변화된 것 (교사 스스로 또는 우리 아이들)을 책의 한 챕터로 담았으면 좋겠다고 의논을 했다. 사실 이전에 나는 '무엇이 변하였을까? 교사로서 어떤 점이 변화되었을까?'에 대해서는 생각해 보지 않았다. 글을 담기 위해서 곰곰이 생각해 보니 참 많은 변화와 마주하고 있었다.

아이들 그리고 놀이에 관심 가지기 그리고 기록하기, 교사 학습 공동체 활동을 더욱 열심히 하기, 가정으로 나가는 월간 놀이 계획(예전에는 월간 교육 계획안)의 형태와 담는 내용, 교사로서 가지는 고민의 방향성 등… 참 많은 것들이 있다. 나열하지 못한 그리고 깨달지 못한 수많은 변화들 중 가장 의미 있는 건 '관심'이지 않을까? 가장 의미 있는 변화는'관심'이다.

우리 반 아이들이 어떤 놀이를 하고 무슨 말을 하며, 무엇을 좋아하는지 요즘엔 관심이 간다. 이전에는 내 위주였다. 나의 관심, 좋아하는 것 그리고 내 입장에서 우리 아이들이 알았으면 하는 것을 기본으로 교육 계획을 작성하고 수업을 진행했다. 하지만 관심을 가져 보니 참 새로운 것들이 많았다. 우리 반은 여자 아이들이 많은데, 신기하게 활동적인 놀이를 좋아한다. 또 작은 레고 블록으로 만들기를 좋아하며 다양한 역할 놀이도 좋아한다. 잡기 놀이는 바닥보다 미끄럼틀을 좋아하고 의사 결정을 할 때에는 투표하기를 좋아한다. 색종이 접기는 별로 안 좋아하지만 클레이 만들기는 좋아한다. 무엇가를 만들면 꼭 전시를 해야 한다. 동화책은 함께 읽는 것을 좋아하고 실내 자유 놀이보다 바깥 놀이를 더 좋아한다.

아이들을 가만히 지켜보고 있으면 매년 만나는 아이들이 참 달랐다. 아이들을 매년 변화고 바뀌는데, 난 똑같은 주제와 활동을 계획하고 또 제대로 하지 못한다며 짜증을 내고 있었다니…. 얼마나 어리석은 교사였던가. '수업이 재미없고 교사-아이 서로가 힘든 상황은 따라와 주지 못하는 아이들 때문이 아니라 어리석은 나 때문이지 않았나?' 라는 생각이 문득 든다. 아직은 아이들의 관심과 흥미로만 교육 과정을 운영하지 못하지만 우리 반 아이들이 하고 싶은 놀이, 가고 싶은 체험 장소, 만들고 싶은 요리 그리고 함께 읽고 싶은 동화를 최대한 담으려고 노력을 하고 있다. 사실 이 과정에서 나는 가끔 화가 나기도 하고 깊은 한숨을 쉬기도 한다. 이유는^^ 하지만 이런 고난과 시련, 역경 속에서도 아이들을 중심에 두고 매년 하나씩 채워 간다면 언젠간 즐거웠던 놀이 기억으로만 가득 교육 과정을 만들 수 있지 않을까? 기대를 한다.

아직 내가 실천하는 교육 과정이 이상적인 놀이 중심 교육 과정이라고 내세우기엔 너무나 부족한 것들이 많이 있다. 그러나 아이들에 대한 관심이 진짜 유아·놀이 중심 교육 과정을 찾아가는 그 시작이 되지 않을까? 아마도 그 과정 속에서 실패하기도 하고 때로는 원하는 것을 얻기도 하고 아님 그 이상을 배우기도 했다. 아직 나도 정답은 잘 모르겠다. 지금 하는 것이 맞는 건지 틀린 건지? 항상 되묻는다.

하지만 다른 선생님들과 이야기 나누면서 난 정답의 길로 더디지만 한 걸음씩 나아가는 중이다. 나는 유치원 교사였다. 하지만 이제는 진짜 유치원 교사이고 싶다.

우리는 이렇게 달라지고 있어요!

남은솔

놀이 속에서 아이들은 다양한 경험과 표현들을 하며 많은 것들이 달라지고 있었다. 내가 느끼는 가장 눈에 띄는 변화들을 이야기해 보고자 한다.

▌첫째, 자신의 생각과 상상을 적극적으로 표현한다

2020학년도 우리 유치원은 4명의 아이들과 함께했다. 그 중 3명의 아이는 다문화 가정 아이이다. 그리고 그중 2명의 아이는 베트남 어머니와 함께 살고 있으며 나머지 1명은 할머니와 살고 있는 조부모 가정이다. 학년 초 아이들과 함께하며 가장 크게 느꼈던 어려움 중 하나가 의사소통의 문제 였다. 2명의 아이는 베트남 어머니와 함께 살고 있었기 때문에 의사소통하기가 매우 어려웠다. 발음이 매우 부정확하고, 웅얼웅얼거리는 소리에 몇 번이나 되묻고 귀 기울여 듣기를 반복해야 했다.

올 한 해 아이들이 펼쳐 낸 놀이 속에서 특히, 공룡 놀이를 하며 어렵고 긴 공룡 이름들을 기억하고 말하며 한층 언어 표현 능력이 좋아졌음을 느꼈다. 상황을 만들어 내고, 이야기를 지어 내어 들려주기도 하고, 공룡책을 보며 글자에 관심을 가지기도 하며, 자신의 생각과 상상들을 말로 표현해 내는 것에 능숙해지고 있다.

▌둘째, 수를 세고, 비교하고…

10월부터 아이들은 잡기 놀이에 푹 빠져 있다. 10월 어느 날 여느 때와 같이 놀이터로 나갔고, 만 5세 아이가 "얘들아 잡기 놀이 하자!"라며 놀이를 제안했다. 그리고 가위바위보해서 진 사람이 술래하기, 술래는 말 위에 앉아서 열까지 세고 잡기, 제일 먼저 술래한테 잡히면 술래되기, 아이들이 정한 잡기 놀이 규칙이다. 하지만 우리 반에서 열까지 제대로 셀 수 있는 아이는 만 5세 아이 하나뿐이었다. 처음에는 내가 함께 세어 주었고, 몇 주가 지나자 만 3세 여자 아이는 금방 열까지 혼자 셀 수 있었다. 그리고 11월이 되자 열까지는 모두 혼자 셀 수 있게 되었다.

공룡을 만들고, 블록을 쌓으며 자신의 키와 비교한다. 위로 세워서 비교해 보기도 하고, 누워서 비교해 보기도 하고, 다른 친구들과 비교해 보기도 한다. 크게 만든 놀잇감을 블록의 개수와 비교해보기도 하고…. 이렇게 높이, 크기 등을 놀이 속에서 자연스레 비교해 보며 더 크다, 더 작다의 상대성을 배워 나가기도 한다.

▌셋째, 함께 결정한다

놀이를 하며 아이들은 자신이 하고 싶은 놀이를 하자고 친구들에게 조르기도 하고, "이렇게 해야지!저렇게 해야지!" 하고 강요하기도 했다. 하지만 이제는 "우리 이런 놀이 할래?"라며 놀이를 제안하기도 하고, 어떤 놀이를 할지, 어떤 방법으로 할지, 어떤 규칙을 정할지 놀이에 필요한 모든 것들에 대해 친구들과 생각을 나누고 함께 이야기하며 결정한다. 또한 규칙을 지키지 않는 아이들에게 규칙을 다시 알려 주고 도와주기도 하며 놀이를 진행한다. 놀이를 하며 또 다른 규칙을 만들어 내기도 하고, 다른 방법으로 놀이를 바꾸기도 하며 혼자 노는 것이 아닌 함께 노는 것의 즐거움과 규칙의 필요성을 자연스레 알아 가고 지켜 나간다.

▌넷째, 언제 놀아요? 이제 놀아도 돼요?가 사라졌다

유치원에 오면 아이들은 하루도 빠짐없이 "선생님 이제 놀아도 돼요?", "선생님 언제 놀아요?"라는 말을 했었다. 그동안 놀이라고 말하며 했던 여러 활동들이 아이들에게는 놀이가 아닌 그저 나의 놀이를 방해하는 힘든 활동쯤이었던 것 같다. 하지만 이제는 비슷하면서도 달라진 표현이 들린다. "선생님 이제 바깥 놀이 갈까요?", "선생님 오늘은 언제 바깥 놀이 갈까요?", "선생님 오늘은 어떤 놀이를 한 다음에 어떤 놀이할거예요!" 하고 싶은 놀이들의 순서를 이야기하기도 하고, 언제 어떤 놀이를 하러 갈지 물어보기도 한다.

유아·놀이 중심 교육 과정을 실행하면서 아이들뿐 아니라 교사인 나 자신 또한 처음과 달리 많이 변화했음을 느낀다. 아이들의 놀이를 바라보는 마음가짐부터 아이들을 대하는 태도 등 그중 몇 가지의 변화들을 이야기 하자면 다음과 같다.

▌첫째, 기다릴 줄 안다

우리 유치원의 교육 과정은 08:30에서 12:30까지 하루에 4시간 동안 운영된다. 이 시간 동안 나는 아이들의 놀이만 지켜볼 수가 없었다. 작품도 만들어 내고, 동화를 함께 보고, 안전 교육도 해야되고…. 마음이 바쁘고 무언가 하나는 해내야 한다는 강박 관념이 있었다. 여전히 안전 교육은 꼭 해야 하는 숙제로 가지고 있지만 작품?동화?만들기? 이제는 무언가 결과물을 만들어 내려 하지 않는다. 아이들의 놀이를 기다리고, 바라보고, 함께하며 시간을 보낼 줄

아는 교사가 되어 가고 있는 것 같다.

▎둘째, 놀잇감을 섞고, 옮겨도 괜찮다!

놀이에 대한 허용 범위가 넓어진 것 같다. 미술 놀이에 있던 구슬을 역할 놀이로 가지고 가서 섞는다. 예전 같았으면 "놀잇감은 섞으면 안 돼요~ 제자리에 갖다 놓으세요~"라고 했을 것이다. 하지만 지금은 "오늘은 구슬이 무엇으로 변신했어?"가 된다. 역할 놀이의 소파와 침대를 밀고 옮긴다. 예전 같으면 " 무거운건 다치기 때문에 너희가 옮기면 안돼!"라고 했을 텐데 이제는 "우아~소파랑 침대가 있으니 진짜 집 같다!"가 되었다. 놀이 영역별 놀잇감을 섞고, 옮기는 것뿐 아니라 놀이 영역 자체의 구분이 사라지고 있다. 정해진 바구니와 자리에 놀잇감을 넣어야 하고 정리해야 하는 것도 이제는 없다.

나는 아이들이 놀잇감을 옮기고, 섞고, 복도로 뛰어나가는 등의 행동들을 불편하게 느꼈던 교사 중의 한 사람이다. 앉아서 놀이해 주었으면 좋겠고, 교실 안에서 내가 보이는 곳에서 놀이를 했으면 좋겠고, 교실에서의 놀잇감과 밖에서 놀 수 있는 놀잇감은 구분되어있었다.

하지만 지금은 교실 공간을 벗어나 아이들이 유치원에 와서 생활하는 모든 공간이 아이들의 놀이 공간이 되어 가고 있다. 영역별 공간에서 영역별 놀잇감을 가지고 놀이하지 않는다. 놀이를 하면서 필요한 놀잇감들을 섞어서 만들어내기도 하고, 옮기고 교실을 바꾸고, 자동차를 만들어 복도로 타러 나가고, 모든 공간이 놀이의 공간이다. 교실에 있는 놀잇감들이 모래 놀이에 사용되기도 하고…. 정해진 것은 없다. 불편함을 견딜 수 있는 교사가 된 것인가? 변화를 받아들여야 하기 때문에 자연스레 받아들여진건가? 알 수 없지만 긍정적인 변화가 아닌가.

이렇게 공간 구분 없이 놀이가 이루어지고 있으니 이제는 공간의 변화를 고민해 본다.

▌셋째, 놀이에 대한 고민과 노력

아이들이 하는 모든 놀이는 괜찮은걸까?(빨간 마스크 놀이, 신비아파트 놀이, 강시놀이…) 괜찮은 놀이, 안 되는 놀이는 어떤 기준으로 정해야 할까? 아이들 안에서 발현되는 놀이들만 진정한 놀이인가? 진짜 놀기만 해도 괜찮은가? 여전히 놀이에 대한 고민은 가득하다. 뚜렷한 답을 홀로 내릴 수는 없지만 유치원 동아리 활동을 더 적극적으로 참여하면서 선생님들과 생각과 놀이를 나누는 시간을 더 많이 가지고, 놀이에 대한 방향을 잡아 가기 위해 노력해 보고자 한다.

나와 아이들은 놀이를 통해 많이 변화하고 있다. 하지만 유아 · 놀이 중심 교육 과정을 실행함에 있어 교사 본인의 노력은 물론이고, 가정(학부모님들)과 기관 관리자분들이 더불어 함께 변화해야 함을 느낀다.

　유치원에서 아이들의 놀이와 놀이 속에서 일어난 다양한 배움들을 매주 부모님들께 소개해 드리고 있다. 하지만 여전히 만 5세가 되면 한글을 가르쳐 주길 바라시고, 여전히 "유치원에서는 뭘 배워요? 놀기만 하나요?"라는 질문도 받는다. 아이들에게 놀이의 진정한 의미와 중요성을 부모님은 물론, 유치원 관리자의 인식에 대한 변화가 유치원 교육에 가장 중요하고, 필요한 변화가 아닐까? 오늘도 열심히 아이들의 놀이를 관찰하고 기록하고 안내하며 열심히 함께 변화할 수 있기를 기대해 본다.

수업을 망쳤다

손은실

예전에 나는 '수업을 망쳤다'라는 표현과 '뜻대로 되지 않는다'라는 말을 많이 했다. 교사인 나는 '수업을 잘하고 싶다'라는 갈망이 늘 있었기에 수업이 뜻대로 되지 않고 망침으로 인해 점점 수업에 대한 자신감이 없어졌다. 지금 생각하면 이때의 수업은 교사가 계획한 수업이 있고 계획한 대로 아이들을 잘 이끌어서 끝내는 수업이었다.

그러나 자주 내가 계획한 대로 흘러가지 않고 변수가 생기며 아이들은 그 변수를 좋아하고 그쪽으로 관심을 보였다. 나는 어떻게 할까? 그쪽으로 따라갈 확신도 없고 그것이 잘된 수업인가를 의심하고 이미 옮겨 가고 있는 관심사를 억지로 계획한 수업대로 아이들을 끌고 오려고 했다. 그러다 보면 수업을 망쳤다는 느낌이 들었다.

학습 공동체 '나가서 놀자'에서 수업 이야기를 계속하면서 그리고 놀이 중심 교육 과정으로 실천하기를 노력하면서 나에게 어떤 변화가 일어났을까를 생각해 봤다.

▌하나, 기록을 하는 나

골치 아프게 '기록을 어떻게 하는 게 맞나?'를 고민하지 않았다. 맞나? 안 맞나?를 고민하다가 실천하지 못할까 봐서이다. 그냥 쓰고 싶은 것을 쓴다는 느낌으로 기록한다. 따라서 나의 기록이 옳다, 괜찮다, 잘 쓰였다, 훌륭하다는 것은 아니다. 그러나 기록도 계속해서 변화하고 있는 것 같다. 기록을 생각보다 지속적으로 하기 시작하면서부터는 이렇게 해 볼까? 저렇게 해 볼까? 스스로 계속 바꾸고 있다. 일단 기록이 재미있고 이 기록이 나에게도 아이들에게도 도움이 되길 바란다. 그리고 하면 할수록 확실히 생각이 드는 건 교직 생활 쭉~~~ 이 교육적 기록의 가치를 알아 가고 실천해 가는 것에 마음을 두어도 좋겠다는 생각이 든다.

▌둘, '오늘은 수업이 이렇게 되었다'라고 말한다.

이제는 수업을 망쳤다는 말을 쓰지 않는다. 내가 계획했다면 계획한 대로 되지 않았을 뿐 '망친 수업은 없다'라는 생각이다. 내가 계획하지 않고 아이들의 놀이에서 시작했다면 그 놀이가 이렇게 진행될 것이라고 예측하고 지원도 했지만, 전혀 다른 길에 가서 머무는 것을 살짝은 즐기게 된 것 같다. 그리고 수업에서 아이들을 참여시키려고 노력한다. 아이들과 내가 함께 만들어 간다는 게 어떤 것인지 조금씩 알아 가게 된 것 같다.

▌셋, 수업 나눔을 더 하고 싶다

나를 키우고 변화하게 하는 것은 공동체에서 나누는 수많은 이야기들이다. 교육 과정이 어떻게 바뀌든, 앞으로도 계속 교육 전반에 대한 수많은 이야기를 나눌 수 있는 학습 공동체 '나가서 놀자'를 꾸준히 이어 나가고 싶고 그곳에서 만나는 선생님들과의 만남을 소중히 여기고 싶다.

편안한 기록을 찾기 위한 나의 여정

유재은

　교사가 준비해서 실행하던 수업에서 유아놀이 중심의 수업으로 변화시키고자 했던 2018년은 그 시절 모두 다 써야 했던 일일교육계획안이 있었다. 하지만 유아놀이 중심으로 수업을 바꾸어 보니 일일교육계획안이 참 불편했다. 아이들의 놀이로 이루어지고 있는 수업인데 교사가 하고자 하는 계획인 일일교육계획안이 무슨 소용일까? 교사의 계획을 반드시 써야 하는 거라고 하니 그냥 거짓 일일교육계획안이라도 계속 써야 할까? 스스로 고민을 했고, 고민 끝에 거짓 일안 대신 놀이기록을 해 보자 마음먹었다.

5.2(수) 바닷가 산책▶낚시놀이▶도꼬마리 놀이

의도 바람이 적당히 부는 날이었다. 마침 미세먼지도 황사도 없는 맑은 날이라 아이들과 미뤘던 산책을 하기에 좋은 날이라 생각이 들었고, 바람도 있어서 바닷가에서 바람을 이용한 무언가... 재미있는 활동이 이루어질거란 생각이 들었다.

과정

산책의 시작	
바닷가에 도착해서 보니 작년에 유채꽃이 피었던 자리에 도꼬마리들이 가득했다. 아이들과 도꼬마리를 탐색하며 수집했다. "아, 따가워요. 뭐가 이리 따가워요" "왜 이렇게 따가운 거에요?" 교사는 민들레 홀씨 씨를 퍼뜨리는 방법과 도꼬마리 씨를 퍼뜨리는 방법에 대해 아이들에게 이야기해준다. 함께 도꼬마리를 줍고 따서 산책가방에 담았다.	사진-산책의 시작1 사진-산책의 시작2
밧줄의 발견	
모래사장에 박혀있는 밧줄 하나(빨래줄 일부분)를 발견했다.	

지원: "씨름으로 다시 해요. 난 씨름은 이길 수 있어요"
교사: "아까 우리가 자기 의견을 다른 친구가 받아들일 수 있도록 설명해주기로 했는데 그 방법이 잘 안됐고, 가위바위보로 정하기로 해서 그렇게 했는데도 약속이 잘 안 지켜졌어. 너희들은 어떻게 생각해?"
도연: "지켜야돼요"
지원: "난 걸어가기 싫은데"
도헌: "가위바위보 했잖아"
교사: "지원아, 힘들까봐 걸어가기 싫은거지? 그런데 우리가 다른 생각을 가진 사람에게 자기의 의견을 설명하고, 그 다음엔 가위바위보로 하기로 했는데 그것도 지키지 않으면 우리가 어떻게 의견을 정할 수 있을까? 오늘 친구들과 함께 걸어가면서 정말 도헌이말대로 운동이 되는지, 걸어가면 기분도 좋은지 한 번 걸어가보자. 그렇게 했는데 정말 지원이말대로 힘들면 내일은 선생님 차를 타고 가는 건 어때?"
지원: ".............."
도연: "빨리 가요."
이렇게 한참의 과정을 거쳐 걸어가는 방법으로 숲 산책을 시작했다.

[씨름하는 아이들]　　[아직 거울이 풀리지 않은 지점]

[2018년 5월] 놀이기록.　　　　　　[2018년 6월] 놀이기록.

2018년 5월

　기존의 것을 거부하고 내 것을 만들자 마음먹으며 힘이 들어갔던 탓일까? 네모난 제목도 만들고 표를 그려 그 속에 기록을 하고, 장면마다 사진도 넣어가며 열심히 썼다.

　그런데, 이렇게 며칠 써 보니 어쩌다 일이 많이 생겨서 오후에 기록에 몰두할 수 없는 날엔 기록이 밀렸고, 그러다 보니 어릴 적 쓰던 일기처럼 되어 버렸다. 쓰긴 써야겠는데 밀리니까 쓰기 싫어지는…. 그리고 표 속에 들어가 있는 딱딱한 기록이 너무 거창하고 부담스러워 보였다. 그래서 바꿔 보기로 했다.

▮ 2018년 6월

　표는 없어졌지만 아직도 아이의 이름은 고딕체로, 아이들의 대화
는 명조체로 바꾸며 놀이기록에 여전히 힘이 들어갔다. 그리고, 이
렇게 쓰다 보니 줄줄이 길게 적는 기록이 부담이 되었다. 사진으로
간단하게 기록하면 어떨까? 다시 기록의 방법을 바꿔 보았다.

▮ 2018년 11월

　그 날의 요점이 될 수 있는 사진을 골라 쭉 나열한 후 간단하게
설명을 썼다. 이렇게 해 보니 전체적인 놀이의 흐름은 남길 수 있었
지만 그 속에서 아이들이 주고 받았던 '살아 있는' 이야기가 실종되
었다. 그래서 2019년 놀이기록의 방법을 다시 바꾸었다.

▮ 2019년 4월

　2018년까지는 놀이기록을 하며 일화 기록의 방식처럼 아이들의
놀이를 일어난 일, 주고받은 말만 객관식으로 적어왔다면, 2019년
부턴 교사의 생각이나 마음 상태 등을 놀이기록에 담기 시작했다.
그렇게 해 보니 수업을 기록한다는 딱딱한 느낌보다는 나의 일과
를, 아이들의 놀이를 남긴다는 편안한 느낌이 들었다. 그리고 2020
년, 나의 놀이기록은 더 편안해졌다.

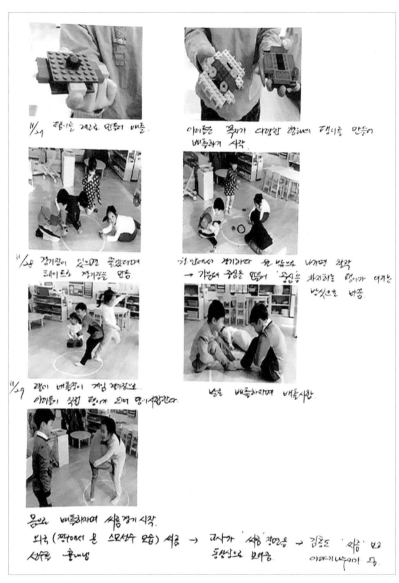

[2018년 11월] 놀이기록.

191

4.15. (월)

 # 엑스포공원 사후활동

엑스포공원에서 보았던 꽃에 대해 이야기한다.
아이들은 개나리, 민들레, 벚꽃, 앵초, 팬지, 제비꽃, 튤립,
방울꽃, 연꽃씨방을 이야기한다.
주황색 꽃도 있었는데 그건 무슨 꽃인지 잘 모르겠다.
튤립을 보면서 꺾어서 유치원에 가지고 가고 싶다고 했던
아이들 이야기가 떠올라 '우리가 키우고 싶은 꽃'을 알아보기로
했다.
직접 그래프에 작성했다.

여자 아이들은 약속이나 한 듯이 모두 튤립에 표시하고, 원식이는 민
들레를 선택했다. 창대는 원식이를 따라 "나도 원식이 따라서 민들레
키우고 싶어요"라고 이야기하며 그래프에 표시한다.
교사가 아이들에게 그 꽃이 왜 키우고 싶은지 물어봤다.
재성: 색깔이 예뻐서요
은별: 이뻐서요
화연:.............
옆에서 친구들이 대신 의견을 이야기해서 교사가 "우리 화연이가 생
각할 수 있는 시간을 주자"라고 이야기한다.
화연: 색깔이 이뻐서요.
다예: 너무 귀여워서요.
은혜: 귀여워서요.
강희: 냄새가 좋고, 찔리향기가 나서요.
그러면 민들레를 택한 남자친구들
원식: 민들레...예뻐요. 날아갈 수 있으니까요.
창대: ....
원식: 혹시 너 민들레가 먼이어서 그러거 아니야?

[2019년 4월] 놀이기록.

유치원에서 업무를 하다 보면 많이 생기는 이면지. 그게 바로 나의 기록장이 되었다. 볼펜을 이용해 수시로 날아가는(나만 알아볼 수 있다^^) 글씨로 적는다. 그러다 보니 나의 기록장에 아이들이 도장찍기 놀이를 하기도 하고, 그림도 그려 넣는다. 편안하게 끄적임처럼 적다가 시간이 되면 컴퓨터에 필요한 사진과 함께 정리한다. 그리고, 나의 생각이나 지원 등등만 색깔을 달리해서 넣는다. 이렇

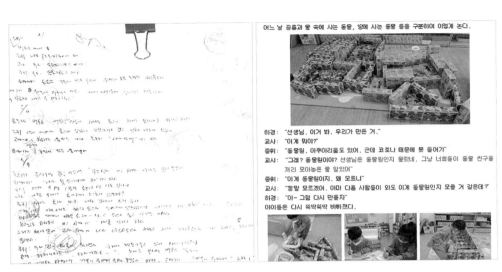

[2020년 6월] 놀이 기록.

게 하니 굳이 어딘가에 정리해야 한다는 부담감도 없고, 마음까지 편안했다.

교실을 떠난 2021년, 여전히 그 곳에 있었다면 나의 놀이기록은 또 다시 변했을지도 모른다. 이런 변화를 겪는 과정 속에서 놀이기록에 대한 나의 생각을 정리하고, 나에게 맞는 편안한 방법을 찾을 수 있었다. 변화는 마음먹고 하려면 어려운 도전일 수 있지만 마음과 몸으로 불편했던 것을 조금씩 바꾸다 보면 나의 성장이 될 수 있는 것이 아닐까? 변화는 나의 성장을 위한 과정이었다.

놀이의 맥 잡기

이유정

교실에서 놀이가 전부이기 전, 교실 속 한 부분만 차지하고 있을 때 교사가 놀이를 시작하고 끝을 맺어 주었다. '얘들아 이제 놀이 시작이야', '놀이 끝났어', '정리해야지' 그리고 장난감의 놀이 방법도 정해져 있었고 그 놀이 속 규칙 또한 교사 중심에서 세워졌었다. 그래야 안전했고 아이들 간에 일어나는 수많은 갈등들을 방지할 수 있다고 생각했었다. 지금 와서 생각해 보면 이러한 생각과 행동들이 얼마나 아이들이 마음껏 놀지 못하고 아이들을 힘들게 했을까 생각된다. 아이들은 더 놀고 싶지만 선생님이 정리하라니까 소중한 장난감을 다시 해체해서 넣어야 했고 놀이가 한창 재미있었는데 맥이 뚝 끊겨 버려서 실망한 표정들이 흐릿하지만 지금 생각하면 뭔가 보이는 것 같다.

사실 놀이의 중요성이며 이론을 지식적으로 습득을 했었기에 놀이가 아이들에게 얼마나 필요한 것이고 떼려야 뗄 수 없는 관계인 것은 알고 있었다. 지도서 중심의 계획된 교육 과정으로 운영하면서 그 안에서 놀이는 이분법적으로 나눠져 활동이 끝나고 하는 것 등 별개로 생각하였다. 왜냐하면 놀이는 아이들에게 자유를 주는 것이라 교사가 개입하지 않고 지켜만 봐야 한다고 생각했기 때문이다. 놀이는 교실에서 중심이 되는 활동과 물과 기름처럼 섞일 수 없어 보였다. 점점 놀이에 대해 생각해 보기 시작하면서 놀이가 가진 자유로움, 몰입, 주도성 같은 것들이 활동 속에 언뜻 나타났다 사라지는 것을 느꼈다. 그렇지만 이게 놀이라 할 수 있을까? 정말 유아와 놀이 중심으로 한 활동이 맞을까 생각되며 확신도 없었다. 놀이를 어떻게 교실에서 적용을 해야 할지 걱정이 되고 내내 의심스러웠다.

그렇게 고민하고 있으며 진정한 놀이 수업을 찾아가고 있는 지금까지도 내가 정말 놀이 수업을 하고 있다고 단언할 수는 없지만 하루하루 아이들을 들여다 보며 아이들의 생각과 느낌을 읽으려 하고 있다. 지금은 놀이가 자연스레 시작되고 정리할 때 아이들에게 물어본다. "애들아 언제쯤 정리할까?" 하면 아이들이 정하고 그 시간이 되면 시계를 보고 아이들이 "이제 정리할 시간이 됐는데~" 이렇게 이야기하고 정리가 시작된다. 처음엔 뭔가 교사의 특권을 빼앗긴 느낌이지만 사뭇 좋다. 요즈음은 아이들의 놀이를 따라가고 귀를 기울여 듣는다. 듣다 보면 재미난 이야기며 놀라운 행동들이 많이 보여서 흠뻑 빠져서 함께 있게 된다.

어느 날은 바깥 놀이터에서 여자 아이 2명이 1명을 사이에 결박하듯이 팔짱을 끼고 다른 여자 아이 1명에게 데려갔다. 그러자 "잘했어! 그럼 지하 감옥에 가둬!"라고 말을 하는데 '지하 감옥'이라는 단어도 생소하고 생각지도 못 한 말이라 뇌리에 박혔다. 궁금했던 내가 "수희는 왜 지하 감옥에 가두는 거야?"라고 묻자 "수희는 마녀니깐요! 전 공주에요." 하는게 아닌가. 그저 아이들이 하는 악당 놀이와 같은 가상 놀이가 실로 꽤 디테일하고 보고 들은 경험들이 다 사용되는 것을 느꼈다. 실내든 실외든 아이들로부터 시작되는 놀이를 보고 있으면 규칙이 많기도 많고 아주 까다로운 것 같다. "여길 밟으면 안 되고 한 발은 가능해", "술래가 오면 이걸 들고 이 속에 들어가면 무적이야" 이러한 모습들을 보고 있으면 '규칙이 이렇게나 많아서 다 기억이나 할까?' 싶은데 아이들은 다른 친구가 하고 있는 놀이에 들어올 때면 규칙을 술술 읊어 대다. 이런 모습들을 가까이서 보다 보면 평소에 아이들을 대할 때 충분히 이해할 수 있고 마냥 어리지 않다고 생각한다.

놀이 속에서 아이가 중심이라는 생각을 가지면 아이가 만들어내는 모든 것들이 소중해진다. 이러한 나의 생각이 교실의 모든 것들을 아이들에게 돌려주었다. 교실은 제 주인을 찾은 듯하다. 놀잇감을 정리할 때도 내 기준에 맞춰 블록을 분류하고 제자리에 정리하곤 했지만, 이제는 놀고 난 후 아이들이 자신들의 기준에 맞춰 정리한다. 아이들은 놀이가 다시 시작되면 그 장난감이 몽땅 섞인 바구니 그대로 들고 놀이를 새롭게 시작한다. 그런 모습들을 보고 더 이상 간섭하지 않기로 했다.

어떻게 놀이를 해야 진짜 놀이고 가짜 놀이인지 교사가 어떤 지원을 해야 하는지 모든 게 혼란스러운 순간을 시도 때도 없이 직면한다. 하지만 그럴 때마다 유아를 주체로 생각한다면 손쉽게 해결되는 것 같다.

4부 옹이

실수와 고민

옹이는 교육 과정을 운영하면서 실수와 고민을 이야기한다. 교실에서
아이들을 만나고 놀이 중심 교육 과정을 실천하면서 부딪히는 뭔가가
있다. 기존에 우리가 가지고 있던 교육에 대한 생각, 놀이에 대한 생각도
있었고 개정 누리 과정에서 말하는 교사의 역할과 지원은 어디까지인가
에 대한 것도 있다. 이 장에서는 '그래도' 내려 놓지 못한 것들에 대해 이
야기한다.

그냥 가만있자

━━━━━

   3월이 시작되었다. 그리고 유치원 놀이터에 물놀이 개수대가 드디어 생겼다. 개수대가 생기니 매일매일 다양한 이야기를 담은 모래 놀이가 만들어지는 모습을 보니 참 재미있다.

   하루는 아이들이 물웅덩이를 판 후, 그 속에 물을 계속 넣기를 반복한다. 나는 뭐하는가 싶어서 쭉 지켜보았다.

세훈   민희야 빨리와, 물이 사라지고 있어.
민희   어, 지훈이 오빠 가고 있어.

세훈 나도 도와줄게.

아이들은 구덩이 속으로 물 채워 넣기를 반복한다.

민희 물이 계속 사라지네.
세훈 그럼 더 많이 가져오자.

첫날 민희와 세훈이는 밑빠진 독에 물 붓기처럼 모래 구덩이에
물을 채워넣기만을 반복한다.

다음 날, 바깥 놀이 시간에 어제 놀았던 민희와 세훈이가 또 같은
놀이를 하고 있다. 세훈이가 새 신발을 신고 왔는데, 신발이 젖는
줄도 모르고 물 채워 넣기를 한다.

나   얘들아, 뭐해?
아이들 물 넣는데, 물이 계속 빠져요.
나   그래? 물이 왜 빠질까? 모래에 구멍이 있나? 바닥을 무언
      가로 막으면 되지 않을까?

나는 은근슬쩍 물을 가둬 둘 수 있는 방법을 이야기했다. 아이들
을 별 관심이 없다. 다시 물 채워 넣기를 반복한다.

아이들이 놀이하는 모습을 보면서 난 모래 사이에 틈이 있기 때문에 물이 빠져나간다는 것과, 물을 고이게 하기 위해서는 가둬 둘 수 있는 비닐이나 볼이 필요하다는 사실을 어떻게든 알려 주고 싶었다. 또 점점 젖어 가는 새 신발을 보면서 세훈이의 엄마가 생각이 나서 마음이 불편했고, 계속 부어지는 물을 보며 '물을 너무 낭비하는게 아닐까?'라는 생각도 들었다.

이튿날 또 아이들은 물 채우기에 바빴다. 난 아이들이 하는 이야기를 듣고선 물이 세어 나가지 않도록 해 줘야겠다는 결단을 내렸다. 그리곤 교실로 들어가서는 아주 큰 비닐을 들고 나와 아이들에게 의기양양하게 말했다.

"얘들아, 바닥에 이 비닐을 깔면 물이 안 새어 나갈 거 같은데?'

처음에 아이들 반응은 생각보다 괜찮았다. 나의 제안에 웅덩이를 좀더 크게 만들고 비닐을 깐 후 비닐이 흘러내리지 않도록 흙으로 단단히 고정했다. 그리고 아이들이 물을 부어 보았다.

"오~ 와~" 여기저기서 예상한 반응이 나오기 시작한다.

나   얘들아 비닐을 까니깐 물이 어때?

아이들 안 없어져요.

나   어 그래, 비닐을 깔아 놓으니깐 물이 안 빠지네! 비닐이 물이 나가지 못하게 막는가 봐.

난 뿌듯했다.

그날 아이들은 물웅덩이에서 놀이를 한다.

다음 날, 바깥 놀이를 나갔다.

어제 물웅덩이 만드는 방법을 알았으니 오늘도 웅덩이 만들어서 신나게 놀겠지? 라고 생각을 했다.

하지만 그날 그리고 그 다음 날에도 아이들은 더 이상 물웅덩이 만들기 놀이를 하지 않았다. 왜? 왜에?

앗, 나의 실수….

아이들은 그냥 모래 구덩이에 물 채워 넣는게 즐거웠던 것인데,

구덩이에 물이 가득 채워질라하면 사라지는 그 과정이 재미있는 것인데….

근데 내가 비닐을 가져와서 물이 빠지지 않도록 가둬 놨으니 얼마나 재미가 없는 놀이가 된 것인가?

세훈이 어머니께 "모래 놀이 너무 좋아해서요~ 신발이 매일 젖네요^^ 당분간 신을 장화 좀 보내주세요~" 라고 이야기 했던 게 무색할 만큼….

머리를 팅~ 맞은 것 같다.

아이들의 놀이 세상에서 교사는 가만 있자, 가만히 있으면 중간이라도 가니깐….

각본 있는 수업, 각본 없는 놀이

김민아

옹이에 대해서 써 보자고 제안했던 건 나였다.

놀이 중심 사례들을 나누기에 앞서 실수 또한 인정해야 할 것 같았다.

나는 놀이 중심으로 유아 교육의 패러다임이 변화하고 있는 게 너무너무 기뻤고, 지금도 기쁘다.

특히 5년간 아이들과 프로젝트를 중심으로 주제 중심 수업을 계속 해 오던 차라, 놀이 중심을 접목시켜 더욱 의미 있게 수업을 재구성해 나갈 수 있을 것 같았다.

그리고 그렇게 시도했다.

다양한 주제가 아이들로부터 도출되었고, 아이들의 흥미에 따라 프로젝트 활동을 해 나갔으며, 아이들이 집중하고 연구해서 도출된 결과들로 프로젝트를 마무리 했다.

유치원에서 하는 프로젝트 활동은 초등학교와도 연계되어 학교 전체(물론 작은 학교라서 가능한 일이었지만)의 관심사가 되기도 했다.

학부형의 호응을 얻기에도 충분했고, 선생님들과 수업 나눔을 할 때도 충분한 자료가 되었다.

그렇게 일사천리로 프로젝트 활동에 놀이 중심을 접목하며 의미 있는 활동의 가운데에 있음에 만족했던 것 같다.

그런데 그 활동 전반에 진짜 아이들의 놀이와 생각이 있었을까?

고백하자면, 나는 항상 어느 정도의 전개도를 가지고 있었다.

전개도 안에서 아이들의 생각이 더해지면 크게 호응하며 기뻐했고 잘 안되면, 의견이 나올 수 있도록 환경을 마련해 주었다.

예를 들면, 선거에 대한 주제로 수업을 하고 싶을 때는, 우연히 산책을 나가는 척 하지만 선거 벽보가 붙은 길을 택했고, 교실에도 선거 홍보 자료들을 무심히 던져 두었으며, 학교 어린이 회장 선거에 유치원 아이들이 관심을 가지도록 참석했다.

물론 이것이 잘못 된 건 아니다.

아이들은 흥미를 가졌고, 흥미를 끝까지 잃지 않고 프로젝트를 마무리 할 수 있었으니까.

그런데 돌이켜보면 나의 이 큰 그림에 혹여 전혀 다른 주제가 아이들로부터 불쑥 튀어나와 길을 달리해야 할 때, 교사인 나는 반응하지 않았던 것 같다.

그리고 샛길로부터 다시 본래의 길로 돌아오도록 친절하고 섬세하게 안내해 주었던 것 같다.

돌이켜보니 이게 나의 옹이(실수)였다.

놀이 중심은 왜 하는 것일까?

내가 아는 놀이 중심의 가장 큰 의미는 '획일적이고 주입식인 한국의 교육 현실에서 벗어 나보자는 노력의 시작' 그것이다.

이를 위해 유아기가 학령기의 준비 기간이 아닌 것을 명확히 인식할 필요가 있다. 유아 놀이 중심 안에서 우리는 모든 가능성을 열어 놓고 아이들이 각자의 속도와 방법으로 세상을 경험하고, 누리게 해야 한다.

그렇다면 나는 유아들의 독특한 색을 모두 인정하고 지지했을까?

세계적인 미술가 마르셀 뒤샹의 이야기로 마무리 하고싶다.

뒤샹은 변기를 뒤집어 작품 전시전에 <샘> 이라는 이름으로 출품했다고 한다.

하지만 원래 있어야 할 자리가 아니고, 규정에 따르면 그것은 예술 작품이 아니라는 이유로 전시도 못 하고 전시 칸막이 뒤편으로 숨겨지는 신세가 된다.

당시 뒤샹이 출품했던 전시회는 보수주의 미술에서 벗어나 새롭고 독자적인 예술을 추구하던 진보적인 예술가들의 전시회였음에도 불구하고, 기존의 고정 관념을 완전히 뒤엎은 뒤샹의 생각은 거부당한 모양이다.

뒤샹은 "예술가들은 스스로 진보적 개방적이라도 말하지만 그 안에서 다시 폐쇄성을 가진다"고 지적했다.

하지만 출품하지도 못한 그 작품은 현재 레디메이드의 시초다.

유아 교육도 변화를 요구하며 달려가고 있다.

하지만 혹시 뒤샹과 같이 생각을 뒤엎은 기발한 놀이까지 수용할 열린 마음이 내 안에 있는 걸까?

교사인 우리들도 놀이에 대해 진보적, 개방적이라고 말하면서 그 안에서 다시 폐쇄성을 가지고 제한하지는 않는지 돌아볼 필요가 있다.

아이들은 그냥 놀이 그 자체다.

실수와 고민과 함께

남은솔

　2019 누리 과정이 개정되고 아이들과 놀이 중심 교육 과정을 함께 만들어 가며 많은 실수와 고민들이 가득한 한 해였던 것 같다. 그로 인해 나 또한 교사로서 한 단계 성장할 수 있는 계기가 된 것 같다. 교사로서 나의 실수와 고민들을 글로 직접 쓰자니 부끄럽기도 하고 어렵기도 하다. 너무 많기에. 잘한 것도 분명히 있었겠지만 잘하지 못했던 것들을 기록으로 남기자니 더 그런 것 같다.

▌아이들의 관심과 흥미는 예측하기가 너무 어렵다

　놀이 중심에서 아이들의 관심과 흥미를 예측하는 것은 매우 중요한 교사의 역할 중 하나이지만 그것만큼 어려운 것이 없는 것 같다. 대표적인 사례로 올해 6월 여름철 날씨의 변화와 여러 곤충들에 대해 알아보고자 계획하였다. 그런데 아이들은 계획과 전혀 다른 공룡에 대한 놀이를 하기 시작했고, 10월 가을 날씨를 느끼며 논을 탐색해 보는 시간을 가져 보고자 아이들과 산책을 나갔을 때도 황금 빛으로 물든 논보다는 옆에 있는 도랑 안의 생명체들에 관심을 가지는 아이들이었다.

　특히 공룡 놀이는 6월에 시작되어 여름이 지나갈 때까지 푹 빠져 있었다. 공룡 놀이를 하며 아이들은 나에게 "공룡책 사 주세요!", "공룡 그림 뽑아 주세요!", "공룡 인형 사 주세요!" 등 공룡 놀이에 필요한 것들을 이야기했다. 그때마다 열심히 함께 필요한 것들을 찾아내고, 사기도 하고, 만들기도 하고 놀이에도 함께하며 공룡 놀이들을 해 나갔다. 돌이켜 보면 내가 아이들의 놀이를 예측하지는 못했지만 놀이가 진행될 때마다 아이들의 놀이에 맞추어 놀이 환경 지원자, 놀이 참여자 등 다양한 역할을 해냈던 것 같다.

▌둘째, 변명으로 가득한 교사

　우리 유치원의 아이들은 4명뿐이었기 때문에 교사가 놀이 참여자로 함께 놀이 해 주기를 원할 때가 많았다. 음식을 차려 놓고 초대하고, 잡기 놀이에서 술래를 해 달라고 하고, 자신들이 만든 공연을 보러 오라고 하는 등 다양한 놀이에서 나를 필요로 했다. 물론 아이들이 필요로 할 때, 놀이에 함께 참여하며 놀이를 함께 만들어 나가는 것은 매우 중요하다. 하지만 매번 그러지 못했다. "잠깐만! 선생님 이거 하나만 하고 갈게~", "친구들이랑 하고 있으면 조금 있다가 갈게!" 등의 말을 하며 상황을 넘기기도 했다. 교사 혼자 해 나가야 하는 일이 많았기에… 라는 변명으로 합리화 해보지만 돌이켜 보면 아이들에게 미안한 마음이 가득하다. 우리 유치원의 하루 교육 과정 운영 시간은 4시간이다. 나와 아이들에게 주어진 하루 4시간의 시간조차도 아이들에게 온 힘을 쏟고 있지 않았던 것 같아 부끄러운 생각이 든다. 지난해와 마찬가지로 올 한 해를 마무리하며 다시 한 번 다짐해 본다. 4시간만큼은 아이들에게 집중! 아이들과 시간을 보내도록 온 힘을 다해 보겠다고 말이다.

▌셋째, 근본적인 교사의 고민, 나 잘하고 있는 것 맞나?

교육 과정을 운영하면서 가장 많이 했던 고민은 '나 잘하고 있는 것 맞나? 이렇게 하는거 맞나?'이다. 나는 한 학급 병설유치원의 교사이기 때문에 나를 피드백해 주고 고민을 나누고 함께 이야기할 수 있는 동료 교사가 없다. 그리고 나는 2019학년도에 첫 발령을 받은 올해 고작(?) 2년차의 신규 교사이기 때문에 그런 고민이 더 많이 들었던 것 같다. 아이들과 놀이를 함께하기도 하고, 새로운 놀이를 제안해 보기도 하며 놀이를 관찰하고 열심히 기록해 왔다. 기록을 하고 그 기록을 다시 되돌아보며 '아~그래도 나 열심히 했네!'라는 뿌듯함을 가지기도 했지만, '이렇게 해도 되나? 이거 맞나? 정답이 있나?'라는 근본적인 의문은 항상 가득하다. 이 고민은 '교사로서의 삶을 마무리하는 날까지 계속되지 않을까?'라는 생각이 든다. 놀이에 정답도 기준도 없는 것 같다.

'나 잘하고 있는 것 맞나?', '이런 놀이도 괜찮은건가?', '이거 맞나?' 보다는 '오늘도 나 열심히 했네!', '이런 놀이도 할 수 있구나~' 라고 생각을 바꾸어 내 고민의 물음표를 조금씩, 하나씩, 조심스럽게 느낌표로 바꾸어 갈 수 있도록 나는 오늘도 아이들과 함께 놀고 기록하며 하루를 보낸다.

나를 열어젖히다

손은실

나는 교사로 발령받은 후부터 늘 움츠렸던 것 같다. 교사로서의 자신감이 없다 보니 내가 누군가에게 내 수업을 보여 주는 것, 교육에 대한 나의 생각을 밝히는 것이 늘 힘들었다. 그래서 혼자서 열심히 노력하고 잘 안 되면 혼자 상처받고 좌절하고 다시 노력하기를 반복했다.

나는 지금까지의 교직 생활 중 강하게 기억에 남는 장면이 몇 개 있다. 그중 하나가 어두워져 가는 운동장에서 숨죽여 울었던 장면이다. 그 이유는 그해에 유아 모집이 잘 되어서 선배 교사와 이 문제에 대해서 이야기하다가 울컥했기 때문이었다. 숫자로 치면 20

명, 15명이었던 아이들이 그해 유아 모집에서는 4명이 되었다. 만나는 사람마다 무슨 일이냐고 묻는 그 질문이 싫음과 동시에 '내 탓인가?'라는 걸 인정하고 싶지 않지만 나 스스로도 그렇게 생각하고 있는데 선배 교사와의 대화에서 '네 탓도 있다'로 결론을 내니 순간 울컥했던 것 같다. 그리고 '교사는 곧 수업이다'라고 생각하고 있던 그 시기에서는 너무 자존심이 상했고 내가 하고 있는 수업, 즉 교육과정 운영이 잘못되었구나를 절감하게 했다. 완전 교사로서 바닥을 친 셈이다. 물론 지금은 유아 모집을 교사와 일대일 대응하는 생각은 옳지 않다고 생각하고 있다. 그러나 그때는 그랬다.

나는 나를 열어젖히는 것이 늘 두려웠다. 수업을 보여 주는것도, 어떤 의견을 이야기하는것도 그렇다. 나는 특별히 잘하는 것이 없었다. 밖에 나가서 수업하는 것, 밖에 나가면 모든 시선이 나한테 오는 것 같아 바깥 놀이도 쉽지 않았다. 부담스러웠다. 나는 이 무렵 용기를 내야 했다. 유아 모집으로 교사의 자존감도 바닥을 친 상태에서 그동안 극복하지 못했던 '밖으로 나가기'를 시도해야 했고 그렇게 밖으로 나가게 되었다.

이후 나는 우연한 기회에 수업 모임에 참여하게 되었다. 유치원 교사들의 수업 모임, 유,초,중 교사들이 모인 수업 모임에 참여하게 되면서 수업에 대한 기록도 하고 수업 이야기를 하게 되었다. 유치원 교사들이 모인 수업 모임도 이때부터 꾸준히 동아리라는 이름으로 모이기 시작해서 지금의 '나가서 놀자'라는 교사 학습 공동체가 되었다. 여기에서 잘 하든 아니든, 나의 수업 이야기를 계속함으로써 수업 이야기를 두려워하지 않게 된 것이 가장 큰 변화였다. 수업을 통해 그 속에서 아이들의 모습은 잘 들여다볼 수 있지만 교사인 나도 거기에 있는 것이기에 나를 보여 주는 것과 같다. 나를 열어젖힘으로써 내 일정 부분을 계속적으로 드러내는 것이 처음에는 부담스럽고 싫기도 했지만 조금씩 드러내다보니 자연스러워졌다.

교사 생활 내내 나는 이 '열어젖힘'을 잘하고 싶다. 나를 열어젖힘으로써 나를 드러내고 동료 교사들의 생각을 받아들이기도 하고 서로 섞여 새로운 생각을 만들어 내기도 한다. 그러면서 나는 변화하고 또 변화해 갈 것이다.

쉽게 빠지지 않는 굳은살

유재은

'옹이'란 단어를 찾아보니 나무의 몸에 박힌 가지의 밑부분 혹은 '굳은살'을 비유적으로 이르는 말이라고 나와 있다(Naver 어학사전). 여러 가지 흔들림 속에서 내 동료들과 중심을 잡고 우리가 생각하는 방향으로 나아가며 새롭게 뻗은 가지의 밑부분과 그 과정에서 생겨난 굳은살은 뭘까?

그동안 정답이라고 믿어 왔던 '교사 중심'에서 새로운 정답이라고 가치를 세운 '유아 중심'으로 변화하며 아이들의 의견에 귀기울여 가는 과정이 나에겐 옹이였던 것 같다.

내가 생각했던 하루 일과에서 아이들이 정하는 하루 일과로 바꿔 가면서도 여전히 불편함은 있었다. 교사인 내 생각엔 교실에서 어제 했던 놀이를 좀 더 확장하고 싶은데 아이들은 아침에 등원하며 만난 매미 허물을 보고, 이 허물을 벗고 어디론가 떠난 매미를 위해 놀이터를 만들어 줘야 한다며 가방을 벗어 던지자마자 "오늘은 바깥놀이부터 해요."라고 분위기를 잡아간다. 이제 아이들의 그런 당당한. 자기 주도적인 일과 계획(?)에 적응될 만한데 아직도 그 지점에서 불편함이 느껴질 때가 있었다.

어제의 놀이가 확장되어야 놀이다운 놀이라는 생각이라는, 교사 중심의 미련이 자꾸만 스멀스멀 올라오며 아이들에게 "교실에서 어제 하던 놀이를 좀 더 하고 나가면 안 될까?" 슬그머니 내 생각을 던져 보곤 했다. 하지만 아이들의 귓 속은 어느새 교사 말이 아닌 "어디에 만들건데?", "가지고 나갈 거 챙겨." 분주한 친구들의 말로 꽉 차 있다.

나가서 해야 할 일들을 서로 정하고 있는 모습을 보니 아직도 아이들의 놀이를 확장시키기 위해 교사로서 내가 무언가를 해야 할 것만 같은, 그래야 마음이 편안할 것만 같은 교사 중심의 생각을 놓지 못하고 있다는 사실을 종종 깨달았다. 교사가 준비하고 주도하던 그 시절의 교사의 역할에 대한 나의 가치관이 아직 굳은살이고, 그 굳은살은 시간이 흘러도 쉽게 저절로 빠지지 않기에 매일 아침 아이들의 놀이에서 의미를 찾고, 난 '뒤에서' 지원해 주는 교사가 되자고 수없이 마음을 다잡아야만 했다.

하강

이유정

2019년에 교육부는 유아 교육을 크게 흔들었다. 확실히 그 전 교육 과정에 비해 변화된 점이 많아 뭔가 혁신적이었지만 그 중심은 익숙했던 놀이었다. 그렇기에 더 혼란스러웠고 답을 찾기 어려웠다. 원래도 유아 교육은 다른 초중등 교육에 비해 교과서도 없고 시간도 정해지지 않아 교사의 자율성이 많이 요구되었다. 그런데 이제 지역, 기관, 유아의 개별성이 중요해지며 교사의 역할은 더 막중해졌다. 유아와 놀이 중심의 교육 과정은 실천해야지 마음을 먹자마자 어려움에 부딪히게 되었다. 실천하기 전부터 겁을 먹었는데 많은 교사들도 공감할 거라고 생각되는 '계획'이다.

그 전까지 교육 과정에서는 연간, 월간, 주간, 일일 활동 계획을 세웠는데 교사의 발문부터 유아의 대답도 모두 미리 예상하고 아주 세세하게 분절한 뒤, 교육 과정을 실천했다. 교과서도 없고 수업 시수도 정해지지 않은 유아 교육을 어떤 교육 과정보다도 구체적으로 예측하고 계획하길 바랐다니 패러독스나 다름없었다. 이렇게 길들여져 왔던 우리들 그리고 그래야 안심이 되는 관리자들과 학부모님들은 유아·놀이 중심 교육 과정에서도 놀이 계획이 필요했다. 교사 자신과 유아에게 적절하고 실제 적용 가능한 계획을 세워야 하는데 틀도 방법도 정해진 건 없었다.

이렇게 아이들과 놀이를 시작하기도 전에 나에게 딱 맞는 옷과 같은 계획이 없어 첫 발자국조차 못 뗄 정도로 조심스러웠다. 그래서 난 계획을 세우는 데 많은 시행착오를 겪었다. 처음 놀이 계획에서 덜어 내고 또 덜어 냈지만 그 전 계획에 비해 훨씬 더 많은 시간이 소요되었다. 지금 내가 월간 놀이 계획안이라 명명하고 만든 계획이 딱 맞지 않지만 그래도 입으면 놀러 나가고 싶은 정도로 뿌듯한 옷이다.

놀이가 아이들의 전부이고 아이들 그 자체라 그 놀이와 교육의 간극을 줄이는 게 제일 고민스럽다. 놀이가 한창일 때, 교사가 여기서 지식적인 측면을 더 알려 주고 싶고 규칙과 질서를 이야기하는 순간 흐름이 빠르게 바뀌며 현실로 돌아온다. 이렇게 하다 보면 아차 싶어서 다시 놀이 속으로 돌아가고자 하는 마음에 다급해지는데, 아이들은 이미 식어 버릴 때가 있어 정말 미안한 마음이 든다.

그래서 이젠 아이들의 놀이를 지켜볼 때, 항상 '그래 참아 굳이 여기서 이야기할 필요는 없잖아?' 하며 두 번 세 번 생각하며 꾹 참아본다. 또 가끔은 주변을 어슬렁거리며 아이들의 놀이에 기웃거리기만 해도 교사의 인기척에 아이들이 제대로 놀지 못하고 낯을 가리는 것을 보기도 한다.

그렇다고 교사의 존재가 아이들의 놀이에 항상 산통을 깨는 것은 아니라고 생각한다. 교사가 아이처럼 놀 때는 아이들은 바로 알아본다. 교사가 놀아 주는 건지 같이 노는 건지는 아이들이 가장 잘 안다. 어리다고 봐 주는 것도 없이 정말 필사적으로 하고 그 아이들의 세계 속에 같이 들어가서 온몸으로 같이할 때 아이들의 웃음소리부터 달라지는 게 느껴진다. 물론 체력적으로 너무나 금방 지치기도 하고 정신적으로 끊어져 가는 인내심을 겨우 붙잡아야 하지만 아이들의 눈높이까지 하강해야 비로소 교사의 역할이 보인다. 하강을 해야 하는 깊이가 깊을수록 현재 교사가 위치한 높이와 격차가 크기에 더욱 힘들지만 그 세계에서는 공기부터가 다르다. 안들리던 이야기가 들리고 안 보이던 모습들을 발견할 수 있고 그렇게 목격한 것들은 아이들을 바라보는 데 더없이 소중한 것들이었다. 매번 하강할 때마다 쉽지 않음을 느끼고 오늘은 이만하자 싶은 생각이 들때도 있지만 놀이 중심 교육 과정을 실행하는데 있어서 교사가 가장 노력해야 하고 해내야 하는 것이라고 생각하며 다잡는다.

5부 나무가 되기까지

비바람, 햇볕, 양분

5부는 나무가 되기까지의 비바람, 햇볕, 양분을 다루었다. 아이들 개개인의 개성이 존중되 듯이 교사 개개인은 자신만의 개성 있는 나무가 되어 건강하고 울창한 교육의 숲을 이루고자 한다. 그러나 그렇게 되기까지는 수많은 어려움과 고난과 혼란과 힘듦이 있었고 앞으로도 만나게 될 것이다. 경력자는 경력자대로 신임은 신임대로 마찬가지이다. 그러나 그런 비바람과 햇볕과 양분을 잘 마주해야 우리는 건강한 하나의 나무가 되어 또 다른 나무를 만날 수 있을 것이다.

도움 주신 분들

김미화

도움 주신분들….

연애인들이 수상을 하게 되면 마지막에 고마운 분들의 이름을 쭉~ 이야기한다. 너무 많아서 미처 다 말하지 못할 때도 있으며, 이름을 적은 종이를 주머니에 넣고 뽑아서 나온 한 분만 말하기도 한다. 또 읽은 책 중에서도 도움을 주신 분들에 대한 이야기를 쓴 책도 종종 보았다.

이 책을 마무리하는 시점, 교사로서 성장할 수 있게 도움을 주신 분들에 대해서 생각해 보니 아마 '울진 선생님'이라는 생각이 든다. 함께 책을 쓰는 선생님들뿐 아니라 울진에서 함께 근무하였던 모든 선생님들이 나에게 도움을 주신 분들이다. 교사 학습 공동체로 첫발을 내딛게 해 준 선생님과, '울진 유치원 교사 학습 공동체'를 잘 이끌어 주고 함께 의미 있는 경험(책 쓰기)을 할 수 있게 열어 주신 우리의 리더 선생님이 있어서 참 좋다. 또 많은 지혜와 경험으로 아이들과 교육 과정을 올바르게 바라볼 수 있는 방향을 제시해 주는 선배 교사가 있어서 든든했다. 그리고 유치원이라는 외로운 현장에서 서로 의지하고 도와주며, 같은 목표를 가지고 고민하며 나아갈 동료 교사가 있어서 외롭지 않았다.

'울진 선생님'은 내가 더 나은 교사가 되기 위한 마라톤 경기에서 페이스메이커 같은 존재였다. 너무 급할 때에는 속도를 조절해 주고 힘들 때에는 옆에서 함께 뛰어 주는 것처럼. 교사를 시작하는 시점에 '울진 선생님'을 만난 건 아주 좋은 기회였고 함께하는 시간은 정말 최고였다.

앞으로 수많은 의미를 함께 마주할 것 같다.

기나긴 터널의 출구

김민아

　우리들의 놀이 나무가 자라는 데 햇빛의 역할을 해 주었던 것을 꼽자면 단연, 2019개정 누리 과정이 놀이 중심 교육 과정으로 개편된 일일 것이다.

　유치원 교육 과정은 교과서가 없고, 가르쳐야 할 수많은 교육 내용에 대한 평가 지침도 명확하지 않다.

　내가 잘하는지 못하는지,

　수많은 교육 내용을 어디까지 가르쳐야 맞는 건지,

　교사 재량으로 수정은 어느 정도 가능한 건지….

　그럼에도 불구하고 주기별 평가에서 내놓으라는 자료는 왜 그리

많은건지 얼마나 내놓아야 교육 과정을 잘 운영하는 유치원인 건지….

평가 자료를 많이 내어 놓을수록 과연 잘하는 것인지, 항상 물음표로 가득했던 유치원 교육 과정이었다.

거기에 놀이 중심 교육 과정은 긴 터널 끝에 보이는 빛이었다.

놀이 중심 교육 과정을 통해서 유치원에 왜 교과서가 없는지 명확히 알게 되었고, 왜 획일화된 평가가 어려운지 설명할 수 있었으며, 교사 재량이 아니라 아이들의 재량으로 교육 과정이 수정되어야 함을 알게 되었다.

나는 이런 흐름과 노력에 머리 숙여 깊이 감사한다.

그리고 이런 흐름이 우리 유치원 현장에 깊이 스며들어 우러나길 바란다.

그래서 교사가 행복하고, 아이들은 자기다움을 찾으며, 학부모는 불안감에서 벗어나 교육의 큰 그림을 그리는 세상, 교육의 3주체로써 서로가 서로를 믿고 지지하며, 참 놀이 중심의 교육 과정이 발현되는 햇볕이 제 빛을 발하는 현장을 기대해 본다.

그럼에도 불구하고!

남은솔

교사는 자신의 전문성 신장과 자기 개발을 위해 다양한 방법으로 노력한다. 그 노력은 직접적인 교육에 대한 영향뿐 아니라 교사 자신의 내면에까지 영향을 미친다. 나태하지 않고, 안주하지 않으며 스스로 성장을 위해 노력하는 교사를 응원해 주고 지지해 주는 환경은 매우 중요하다. 나 또한 그것을 기대하였다. 하지만 현실은 매서운 태풍급의 비바람이 몰아치고 있었다.

▎첫째, 따가운 눈초리

한 학급 병설유치원의 경우 초등학교 교장, 교감 선생님들이 겸임으로 유치원 원장, 원감 선생님으로 계시기 때문에 유치원 교육에 대한 관심과 이해가 부족할 수 밖에 없다. 이것은 교육 과정 운영뿐만 아니라 교사들에게도 영향을 미쳤다.

한 학급의 유치원 교사는 1에서 10까지 모든 업무를 유치원 교사혼자 처리해야 한다. 교무, 연구, 정보 등 업무가 나누어지는 초등과는 다르다. 때문에 아이들의 교육, 유치원 운영에 필요한 모든 업무, 교사의 자기개발 등의 다양한 이유로 인해 출장 횟수가 많아진다. 잦은 출장은 관리자분들에게 좋은 시선을 받을 수가 없었다. 개인 용무로 나가는 것이 아니고 교육 과정 시간 이후에 나가는 것이었지만, 출장 횟수가 많으면 아이들의 안전이 걱정된다는 우려와 자리를 자주 비우는 것에 대한 불편함을 표현하기도 하셨다.

하지만 나는 이해하기 어려웠다. 어렵고 힘들었다. 내가 신규 교사여서 더 그런 것일까? 신규 교사였던 나는 그러한 말과 눈초리들이 상처가 되었다. 집에 가서 눈물을 흘리는 날들도 있었다. 뿐만 아니라 유치원 체험 학습의 횟수가 많은 것도 우려하셨다. 교육 활동을 진행하는 것도 참 힘들다는 것을 느꼈다. 아이들에게 더 많은 경험을 하게 해 주기 위한 활동들, 교사가 자기 개발을 위해 연구하고 노력하는 것을 지지해 주고 응원해 주시길 바라는 마음이 너무 터무니없게 느껴지기 일쑤였다. 계속 노력하면 언젠가는 알아 주실까? 그럼에도 불구하고 그날이 빨리 오길 바라며 오늘도 열심히 달려 본다.

▌ 둘째, 학부모님들의 무관심

현재 재직 중인 유치원은 원아 수가 적고, 다문화 가정이 많다. 지역과 환경에 따라 다를 수도 있지만 우리 유치원의 경우, 학부모님들의 유치원 교육에 대한 관심이 적었다. 없었다고 표현하는 것도 무리가 아니라고 생각할 정도이다. 학부모와의 소통도 어렵다 보니 학부모 교육이나 교육 과정 설명회, 상담 등 학부모님들의 참여가 필요한 부분에서 참여율이 너무 저조하였고, 매우 아쉬웠다. 참여율이 저조하다 보니 유치원과 가정과의 연계 교육을 진행하는 데도 어려움이 있었다. 특히 식습관, 손 씻기, 양치하기, 울고 떼쓰기 등 기본적인 생활 습관을 교육하는 것이 매우 어려웠다. 편식하는 유아도 많고 스스로 밥을 잘 먹지 못하기도 했다. 학부모님과 상담을 하면 "집에서도 그래요! 그냥 주지 마세요!"라고 말씀하셨고, 집에서 밥을 떠서 먹여 주는 것이 습관인 듯 했다. 안타까운 마음이 들었다. 조금만 신경써 주시면 좋을 텐데 하는 아쉬움도 들었다.

이럴 때는 어떻게 해야 할까? 항상 고민이 되는 부분이다. 교사로서 아이들이 더 좋은 방향으로 습관을 가질 수 있도록 도와주고 싶은데…. 아이들과 아이들의 부모님, 아이들의 너무도 다른 가정환경을 만날 때마다 어려움을 느끼게 되는 것 같다. 오늘도 어떻게 하면 아이들을 위해 학부모님들과 소통할 수 있을지, 어떻게 하면 유치원 교육에 더 관심을 가지고 참여할 수 있게 도와드릴지, 고민 또 고민해 본다.

▎셋째, 너무나도 부족한 대체 인력의 문제

울진 지역의 경우 특히 그러한 것 같다. 한 학급의 병설유치원의 비율이 대부분을 차지하고 있고, 유치원의 교직원으로는 담임 교사와 방과후전담사로 이루어져 있는 곳이 많다. 방과후전담사의 경우, 갑자기 무기 계약직으로 전환이 되면서 파업, 연가, 병가 등 다양한 사유로 인해 방과후과정 운영에 보결이 필요한 상황이 생겨났다. 하지만 대체 인력을 구하기 너무나도 힘든 울진 지역의 특성상 방과후과정 보결은 온전히 담임 교사가 책임져야 하는 상황이 되고 이는 교사의 업무 과중으로 이어졌다. 병설유치원의 원장, 원감 선생님께 보결 이야기를 하기란 쉽지 않다. 대체 강사를 구하는 것도 교사가 전화를 하고 수소문을 해서 겨우겨우 구하거나 구하지 못할 때가 더 많다. 이러한 상황에서 8시 30분 등원부터 16시 30분 하원 시간까지 교육, 간식 지도, 돌봄, 기타 업무 등 모든 것이 온전히 담임 교사의 일이 되는 것이다. 글로 쓰면서 보기만 해도 피로감이 잔뜩 밀려오는 느낌이 든다.

이뿐 아니라 한 학급 병설유치원 교사의 경우 유아 학비, 정보 공시, 각종 행사 계획 및 추진, 각종 긴급 공문, 원아 모집 등 모든 업무를 교사가 처리해야 한다. 유치원 전담 행정사가 배치되거나 행정실에서 유아 학비 및 예산 관련 업무가 분배된다면 이 또한 교사의 교육 활동에 대한 질이 높아지고 집중할 수 있을 텐데 이 또한 대체 인력 마련이 필요하다.

교사의 주된 업무는 교육 활동이 되어야 하는 것이 아닌가? 이를 위해 필요한 것들이 무엇일까? 교육지원청, 교육청에서 많이 고민해 주고 해결하기 위해 노력해 주길 오늘도 바라고 또 바란다.

▎넷째, 그로 인한 교사의 소진

지친다. 퇴근 시간이 되면 온몸은 축 처지고 집에 오면 그대로 쓰러지기 일쑤다. 아이들과 뛰어노는 것만해도 체력 소진이 큰데 유치원의 하루 일과는, 유치원 교사의 하루는 참으로 힘겹다. 아이들에 시달리고 해도 해도 끝이 없는 업무들에 시달리고 시달리다 시름시름 시들어 간다. 아이들에게 쓸 힘을 다른 곳에 다 써 버리니 정작 아이들과 온 힘을 다해 놀 수가 없다. 회복이 어렵다. 적극적으로 아무것도 하지 않는 주말을 보내도 한 주를 버티기는 버겁다. 체력적 소진뿐 아니라 심적 소진이 더 큰가? 태풍급의 비바람으로 활활 타오르던 의지의 불씨들이 자꾸 꺼진다. 그럼에도 불구하고 불씨들을 태우려 온몸을 불살라 본다.

여전히 "유치원 선생님은 오전에만 수업하면 끝나는 거 아니예요?", "나도 유치원처럼 맨날 놀고 싶다.", "유치원은 무슨 일을 해요?" 등 나열하기만 해도 힘 빠지는 말들이 종종 들린다. 겪어 보지 못한 사람은 이해하지 못한다는 말이 뼛속 깊이 느껴진다. 누가 알아주길 바라서 유치원 교사를 하는 것은 아니다. 하지만 이제는 누가 좀 알아줬으면 좋겠다.

'난 왜 유치원 교사를 선택했지?'라는 근본적 물음으로 돌아가게 된다. 그냥 아이들이 좋았기 때문이라는 단순한 이유였지. 근데 난 아이들과 함께하는 시간에 최선을 다하고 있는가? 그렇다고 한 치의 망설임 없이 대답할 수 없다. 부끄럽다. 나의 소진을 내가 회복해야 하는데, 회복하는 데도 힘이 든다. 이 무슨 모순되는 일인가? 아직 많이 부족한가 보다. 그럼에도 불구하고 나는 오늘도 열심히 소진하고 열심히 회복하기 위해 애쓴다.

흔들리면서 계속된다

손은실

나는 누가 시키지 않아도 좋아서 하는 게 딱 하나 있다. 그것은 모임이다. 학습 공동체, 동아리, 모임 등의 여러 가지 단어를 사용하지만 나에게는 그냥 다 모임이다. 나와 네가 있는 모임, 사람과의 만남, 동료 교사와의 만남이 있는 모임이다.

특히 나의 삶에 영향을 준 여러 모임이 있지만 지금은 유치원 동아리만을 이야기하겠다. 울진 지역에서 실질적으로 모임을 시작한 것은 2014년부터이다. 나는 이 모임에 처음부터 지금까지 참여했다. 연초가 되면 항상 신나서 공문을 보내고 만남을 시작했다. 나는 뭐가 그렇게 좋았을까? 사람을 만나는 게 좋았을까? 만나서 수업

이야기를 하는 게 좋았을까? 그렇게 외향적인 성격도 아닌데…. 아마도 단학급 유치원이라 유치원 동료 교사를 만나고 싶었던 것이 가장 컸던 것 같다. 나와 같은 고민을 하고 있는 동료를 만난다는 것 자체가 소속감을 주고 마음의 평안을 가져다 주었다. 단 수업 연구 이야기가 빠지면 싫었다. 너무 사는 이야기, 수다로만 이어지는 것, 교육과 연결되지 않는 것만 실컷 떠들다 돌아가는 것은 싫었다.

이 모임도 여러 해가 거듭되면서 그해의 지역 상황, 교사들의 이동 등에 따라 조금씩 분위기가 달랐다. 또 항상 연초에는 가득 채웠던 교사들의 모임이 갈수록 몇 안 되는 교사들이 모이기도 했다. 처음에는 속상해서 '내가 왜 이런걸 하고 있을까?'라는 허탈함에 빠지기도 했다. 기껏 공문 보내고 수업 준비하고 하면 뭐하나? 어느 해 어느 날에 덩그러니 나 혼자 1시간을 기다릴 때는 다 때려치우고 싶었다. 무슨 부귀영화를 누릴거라고 이러고 있나 싶어서 말이다. 그러나 연초가 되면 또 하고 싶어졌다.

가장 궁금한 것이기도 하고 가장 힘 빠지게 하는 물음이 있다. 왜 자신들이 선택해 놓고 끝까지 책임 있게 모임을 하지 못할까? 자주 이런 생각을 하고 실망하기도 했었다.

어느 날 동교 교사를 만났는데 이렇게 이야기했다. 동아리하면서 내가 동아리 문을 활짝 열어 두어서 좋았다고 한다. 그 교사는 병설의 교육 경력은 얼마 안 되지만 나이가 있다 보니 여기 가면 내가 뭘 할 것이 있을까? 조심스러웠다고 한다. 그런데 누구나 환영한다면서 매번 공문을 보내 주고 늘 열린 마음으로 열어 주니 처음 온 사람에게는 이 동아리가 너무 좋았다고 한다. 그리고 자주 못나가다가 가끔 가면 '아! 내가 교사였지?'하는 마음을 느끼게 한다고 했다.

이런 이야기를 들으면 나는 또 모임을 계속하고 싶어진다. 이렇게 흔들리며 동료 교사에게 실망하기도 하고 도움을 얻기도 하고 함께 연구하기도 하고 웃기도 하고 고민을 해결하기도 한다. 나는 흔들리면서도 계속 만남을 이어 가고 싶다. 그리고 그 속에서 교사의 삶과 아이들의 삶, 교육적 고민이 있기를 바란다.

함께했기에 가능했던...

유재은
───

   우리 동아리를 키워 준 그리고 교사로서 나를 키워 준 양분이 무엇이냐고 누군가 물어온다면 난 1초의 망설임도 없이 나와 함께 고민을 나누며 서로를 지지해 주던 동료 교사들이라고 말한다. 지금이 책을 함께 쓰고 있는 내 동료, 후배들과 '잘 하고 있다'고, '가 보지 않은 길이 낯설고 힘들어도 지금처럼 가 보자.'며 서로의 등을 두드려 주었기에 우리가 함께 새로운 길을 탐색하고 개척할 수 있지 않았을까?

   그리고 나에게 교사로서 새로운 눈과 마음을 가질 수 있도록 옆에서 몸소 실천으로 보여 주셨던, 지금은 하늘나라에 계신 멘토 선배님이 계신다. 교사의 역할과 유아교육의 패러다임이 변한 현재의 교육 과정이 들어서기도 전에 미리 새로운 길에 서서 후배인 나를 따뜻한 격려와 질문으로 그 길에 들어설 수 있도록, 성장할 수 있도록 도와주신 분이다.

선배, 후배, 동료들이 없었다면 내가 지금 얼마나 헤매고 있을까? 아마 변화된 교육 과정을 보며 '뭐야? 그래서 어떻게 하라는 거야?'라며 불안해하고 한숨을 쉬고 있지는 않았을지….

"세 사람이 함께 가면 그 중에 반드시 내 스승이 있다. 현명한 사람을 보면 그와 나란히 될 것을 생각하고 현명하지 못한 사람을 보면 속으로 자신을 돌아보면서, 내 행동을 바로 잡을 수 있기 때문이다."라는 공자님의 말씀이 있다. 우리 동아리 선생님들과 오랜 시간 동안 함께 길을 걸으며, 그 안에서 최선을 다해 고민하고 연구하는 선생님들의 모습을 스승으로 삼아 부족한 나의 모습을 발전시키려 노력했다.

이 책을 읽고 계신 선생님들도 가까이에 있는 선배, 후배, 동료 선생님들과 내 것을 드러내는 것에 부끄러워하지 말고 내 것에 대한 지지를 받을 수 있다는 생각으로 함께 길을 걸었으면 한다. 내가 참 좋아하는 말 중 "독목불성림獨木不成林"이란 말이 있다. 나무 홀로 는 숲을 이룰 수 없다는 뜻이다.

나무 한 그루가 울창한 숲이 되기 위해서는 햇빛, 양분, 비바람 등 많은 것들이 함께 해야 한다. 우리가 "함께" 교육 과정 패러다임의 변화를 고민하며 길을 찾고, 유아놀이 중심 교육 과정의 숲을 이루고자 함께 했듯이 이 책을 읽고 계신 선생님들도 생각과 고민을 나누며, 어려운 짐을 나눠질 수 있는 동료들과 함께 길을 갔으면 좋겠다. 나의 고민과 나의 모습을 드러내고 서로를 격려하며 지지받는 정서적 공동체, 교사학습 공동체가 교사인 우리를 위해 그리고 우리가 만날 아이들을 위한 최고의 양분이 될 거라 믿어 의심치 않는다.

온실

이유정

만물이 자라기 위해서 무엇보다 중요한 것이 햇볕이라고 생각한다. 지구도 태양을 중심으로 공전하며 태양에서 받는 열과 빛으로 지구상의 생명체가 살아갈 수 있다. 지금 이렇게 나의 마음과 정신을 다독여 주고 키워 준 것이 바로 울진이라는 지역이다. 울진은 직접적으로 영향을 준 것은 없지만, 어디선가 따스하게 비춰지듯이 지속적이고 간접적으로 나를 만들었다. 처음 발령받아 온 지역이 울진이라서 명예 퇴직이 생각난다는 꽃샘추위 3월을 따뜻한 햇볕으로 견딜 수 있었다. 울진은 소인수의 한 학급 병설유치원이 인근에 옹기종기 모여 있어 아주 가까이서 내 일처럼 걱정해 주는 주변 선생님들의 진심 어린 손길을 잊지 못한다. 이렇게 유치원 선생님들 간의 관계가 끈끈하게 맺어진 곳은 절대 흔치 않다. 시골이라고 다 그런 것도 아니고, 한 학급 병설이 많이 있어도 그렇지 않았다. 분명 울진군 내에 유치원 간의 관계는 특별했다. 서로 끼니 걱정부터 혹여나 학교나 다른 선생님들로부터 힘들진 않을까 도와주고 걱정해 주는데 수업에서도 당연했다. 다른 유치원에서 유아 수, 이름, 성격도 서로 알기도 했고 함께 수업에 대해서도 많은 고민을 끊임없이 나누었다. 각자 본인들의 경험과 생각으로 경청하고 이야기해 줄 때는 컨설팅도 의무적으로 하는 것이 아닌 마음이 담겨 있었다. 이렇게 같은 동료 교사뿐만 아니라 겸임 원감, 원장 선생님들의 유아 교육에 대한 이해도 남달랐던 덕에 놀이 중심 교육 과정이 고시되기 전 2015 개정 누리 과정일 때, 놀이가 중심인 활동에 대해서도 수용적인 자세로 들어 주셨다.

울진이 다른 지역과 교류가 적은 대신 내부적으로 교류가 활발하다 보니 마치 온실처럼 느껴진다. 여기서 나는 온실 속에서 어여쁜 화분에 담긴 화초처럼 매일 가꿔 주고 돌봐 주는 누군가가 있는 것이 아니다. 어쩌다가 바람을 타고 다니다 뜻하지 않게 우연히 온실 속으로 들어온 민들레 홀씨에 더 가깝다. 나는 어디로 갈지 몰랐고 이곳에 내던져져서 살아나야 하는데, 우연히 울진이라는 온실에 들어온 것이다. 잘 자랄 수 있도록 온도와 습도가 적절한 곳인 것처럼 울진은 놀이라는 꽃을 피워 내기에 더없이 좋은 곳이었다. 함께 놀이에 대해 고민하고 열정이 가득한 동료들과 마음껏 놀이를 교육 과정에서 실행할 수 있도록 지원해 주는 유치원이 존재한다. 울진이 교통의 불모지, 문화 체험 환경의 열악함 등만 부각될 때면 정말 안타깝다. 울진은 10분 거리에 바다와 산을 다 느껴 볼 수 있다. 이런 환경은 초등학교에 가서 교과서를 펴기 전까지 실컷 놀아 볼 수 있는 유아기 아이들에게 최고의 지역이다. 그러다 보니 울진에서의 놀이는 더 빛을 발한다. 다른 지역 유치원 선생님들과 "요즘 놀이 어떻게 해요?"라고 대화를 나누어 보면 도시 속 빌딩 숲속에서는 정말 힘들다고 한다. 그럼 "울진에서는 이런 놀이도 하고 저런 놀이도 해요." 라고 어느덧 나는 울진 자랑만 늘어놓게 되고 다른 선생님은 정말 부러워하며 울진 홍보 대사냐며 우스갯소리를 할 때면 가끔 생각에 잠긴다. '내가 만약 울진이 아닌 다른 지역에 가서 지금과 같이 놀이를 할 수 있을까?'

여태까지 걸어온 것처럼 하려고 노력하겠지만 확신할 수가 없다. 그렇기에 나는 지금 이 울진에서 최대한 많이 느끼고 즐기려고 한다. 그래서 이때의 느낌과 분위기를 잊지 않고 어디를 가서도 이렇게 자유롭고 행복했던 추억을 떠올리며 살아가는 데 큰 원동력으로 삼을 것이다.

6부

이것도 놀이야

이 장은 약간의 에피소드처럼 '이것이 놀이인가?'라는 질문에 대한 답이다. 교실에서 어쩌면 자주 만나게 되는 상황이 아닐까 싶다. 우리는 그것도 놀이라고 말하고 싶다. 그러니 현장 교사들은 주저하지 말고 자기 반아이들을 만나며 그 속에서 만나는 모든 놀이를 의미 있게 다루어 주는교사들의 이야기 나눔이 많이 있어야 하지 않을까?

선생님 찾아봐요

6월의 첫날, 아침 자유 놀이 시간.

은희가 아이들의 놀이를 지켜보고 있는 나에게로 와서 책상 위에 그림 카드 6장을 올려놓는다. 그림 카드는 나무로 만들어진 납작한 네모 모양인데, 그림이 그려져 있다. 원래의 용도는 그림 카드와 글자 카드를 서로 맞춰서 낱말 공부를 할 때 사용하는 건데, 우리 반 아이들은 주로 놀이에 핸드폰으로 사용을 한다.

은희   선생님 찾아봐요.
나   뭘?

244 이것도 놀이야

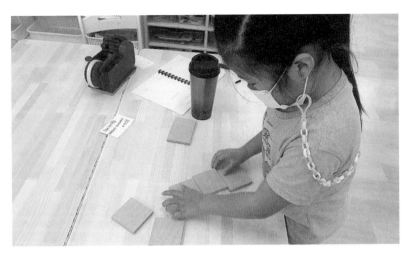

그림 카드를 책상 위에 올려놓는 은희.

은희　이 그림이랑 똑같은 그림을 여기서 찾으면 돼요.

　책상 위에는 큰 그림 카드 1장과 크기는 조금 작지만 똑같은 5장의 그림 카드가 있다. 그리고 5장의 카드 중 하나는 큰 카드와 동일한 그림이 그려져 있다. 큰 카드에 그려진 그림을 보여 준 후, 나에게 바닥에 뒤집혀 있는 카드 중 똑같은 그림을 찾아보라고 이야기한다. 나는 바닥에 그려진 카드 하나를 손가락으로 가리켰다. 은희는 그 카드를 뒤집어서 그림을 보여 준다 .

은희　틀렸어요.
나　어, 그렇네. 바닥에 뒤집힌 그림 카드에 어떤 그림이 있는지 모르겠어.

은희   그럼 뭐 있는지 보여 줄게요.

은희는 하윤이에게 가서 다른 그림 카드(똑같은 그림이 그려진 큰 카드와 작은 카드)를 들고 와서는 나에게 그림들을 한 번씩 보여준다. 그러고는 뒤집은 다음 다시 섞는다.

은희   선생님 찾아봐요.
나   음… 이번에는 이게 같은 그림인 거 같아!

내가 정답 카드를 맞추자 은희는 토끼 눈을 뜨고 날 바라본다. '어떻게 맞췄지?'라는 표정이다. 그러고는 한 번 더 하윤이에게 가서 그림 카드를 두 개 들고 와서는 똑같은 방법으로 섞은 후 맞춰 보라고 한다.

두세 번 정도 반복하다 보니 옆에서 놀던 세훈, 지영, 하연이 온다. 아이들이 같이 놀이를 해도 되냐고 물어보자 은희는 흔쾌히 '응!'이라고 대답한 후 다시 반복한다.
놀이가 대결처럼 변하였다. 7살 세훈이는 6살 지영, 하연이 그림 카드를 잘 맞추자 조금 삐진 듯한 표정과 말투로 '이번에는 어렵게 해 주세요, 동생들 못 맞추게요' 한다.
은희는 다시 똑같은 방법대로 하는데, 내가 보기에는 서툴고 그림 카드가 어디에 있는지 다 보인다. 하지만 아이들은 이 어설픈 놀

옆에서 놀던 아이들까지 그림 카드 놀이에 참여했다.

이가 재미있나 보다.

세훈이가 새로운 게임을 제안한다. 바닥에 그림 카드를 모두 뒤집어 놓고, 똑같은 그림 카드를 찾자고 제안한다. 내가 평소에 알고 있던 똑같은 그림 카드 찾기 게임과 동일한 게임을 제안한다. 주변에 놀던 하윤이와 민경도 함께한다.

세훈 바닥에 놓인 그림 카드를 두 개 뒤집어서 똑같은 그림 카드가 나오면 이기는 거야.

지영 혹시, 이거 대결하는거야?

세훈 아니야, 이건 그냥 똑같은 그림 찾는거야.

나 그럼 순서는 어떻게 하면 될까? 다 같이 시작하는 거야?

그림 카드 두 장을 뒤집어 같은 그림 카드를 찾는 놀이를 하는 아이들.

아니면 순서가 있을까?

세훈 내가 먼저 하자고 했으니깐 내가 먼저하고 그 다음 민경 그리고 돌아가는 거예요.

옆에 있던 은희는 "그림 카드 맞추면 종치자"라고 이야기한 후 종을 들고 온다. 하지만 은희는 게임에 참여하지 않고 구경만 한다고 한다. 또 세훈이는 "그림 카드를 맞춘 사람은 한 번 더 뒤집을 수 있어요"라고 새로운 방법을 알려준다.

게임이 시작되고, 아이들 표정이 제법 진지하다. 지영이는 친구들이 놓아 둔 그림 카드와 위치를 기억하는 것 같다. 그래서 순서가 한 바퀴 돌자 지영이가 가장 먼저 똑같은 그림 카드를 찾아냈다. 순간 아이들도 자기가 찾은 것 마냥 손뼉 치고 환호했고, 민경은 앉아서 춤까지 춘다.

지금 이건 '대결'이 아니라 '놀이'구나!
대결하였다면 다른 친구가 그림 카드를 찾았을 때 이렇게 희열을 느끼고, 즐거워할 수 있을까? 아이들이 같이 즐거워하는 모습을 보니 내 입가에 미소가 지어졌다. 나는 아이들이 이 놀이를 좀 더 했으면 하는 생각에 짝이 없는 그림 카드들을 사진을 찍어서 짝을 만들어 준 후 제공하였다. 내 기대와 바람과는 달리 그림 카드 맞추기 놀이는 그날 이후로 다시는 볼 수 없었다.

5분~7분? 정도 지속된 짧은 놀이였다

'우리 반 아이들은 놀이가 짧고, 연결되지 않아…. 매일 다른 놀이를 해.'
난 우리 반 아이들이 여러 날에 걸쳐서 놀이하지 않아서 조금의 불만이 생겼고 '아이들 수준이 낮아서 놀이가 확장되지 않았나?'라는 불신이 조금이 있었다.

하지만 막상 교실을 들여다보면 놀이 안내 자료에서 나오는 긴 호흡의 놀이보다는 순간, 짧은 놀이가 더 많이 일어난다. 사실 나는 안내 자료에 나오는 그런 길고 거창하며 누가 봐도 '아~ 놀이 중이구나' 알 수 있는 놀이를 원했었다. 그래서 짧고 단편적으로 일어나는 아이들의 진짜 놀이를 의미 있게 바라보지 못하였다. '이것도 놀이야?'라는 의문으로 아이들의 놀이를 무수히 흘려 보냈던 것 같다.

놀이는 긴 호흡이든 짧은 호흡이든, 거창하든 소소하든 간에 아이의 삶과 연결지어서 봐야 하지 않을까? 우리 반 아이들에게서 긴 호흡의 놀이가 일어나지 않는건 그건 우리 아이들의 삶이 아닌 것 아닌 것임을 조금씩 깨닫는 중이다. 이제는 '이것도 놀이야?'라는 의문보다는 '이것도 놀이야!'라는 시선으로 놀이를 보고싶다.

눈물 없이 볼 수 없는 영화관 놀이

김민아

교사인 나는 놀이가 어렵다. 하지만 놀이는 설렌다. 그 설렘은 아이마다 같은 주제로 모두 다르게 놀이를 만들어 내기 때문이 아닐까?

2021년 5월 10일

3명의 아이가 책 보기 영역 쇼파에 앉아서 속닥속닥 이야기를 한다. 애써 다가가지 않고 어떤 놀이가 진행되는지 지켜보았다.

"너 티켓 만들어."

"나는 영화관 만들게."

아이들이 만든 종이배 영화관.

'작년에 해 본 영화관 놀이가 하고 싶구나.'

재원생인 3명의 아이.

작년에 티켓과 티켓박스도 만들고, 팝콘과 요구르트 판매점도 만들고, 영화 포스터와, 영화관 간판도 그럴싸하게 내걸고 영화관 놀이를 한 적이 있었다.

내 머리 굴러 가는 소리가 내 귀까지 들리는 듯하다.

나는 이 아이들이 내게 도움을 구하면 작년과 같은 여러 가지 지원을 할 준비를 하고 있었다.

그런데 내게 오지 않는 3명의 아이.

아이들에게 역할을 정해 주던 예림이는 동화책 세 권(무지개 물고기, 나비, 명작 동화 속 숨은 그림 찾기)을 꺼내들더니 테이프로 붙인다.

책의 무게로 금세 떨어지니 더 넓은 유리테이프로 벽에 단단히 붙인다. 그리고 그 맞은편에 의자 세 개를 놓는다.

용이는 평소에도 자주 접는 종이배를 접더니 난간에 올려놓고 '종이배 영화관'이라고 쓴다. 그리고 티켓을 만들어 온 지연이. 시간도 날짜도 없는 티켓이지만 색색깔 싸인펜으로 칠해 놓았다.

그리고 예림이가 인사한다.

"어서 오세요 티켓 보여 주고 들어가세요."

아이들이 모여든다.

"그림 찾기 영화로 가서 앉으세요."

"나비 영화로 가세요."

"무지개 물고기 영화로 가세요."

3명의 입장객에게 자리를 정해 주고 영화 상영이 시작되었다.

관객 아이들의 반응이 궁금하다.

단순히 책의 표지만 보는 건데, 재미있을까??

조용히 상영 시간이 끝나고 다른 입장객 3명이 줄을 서서 기다린다.

각자 자리에 앉히고 또다시 상영.

'종이배 영화관'에서 영화관 놀이를 하는 아이들.

가운데 나비 영화 의자에 앉아 있던 세빈이가 "눈물 난다." 하면서 티켓으로 눈물을 닦는다.

놀랍다.

나비 관찰책의 나비 그림을 보면서 울다니….

옆에 있던 채혁이가 자기 옷소매로 세빈이의 눈물을 닦아 준다.

나에게는 세빈이의 눈물도 놀랍고 그 모습을 다 이해한다는 듯 아무렇지 않게 닦아 주는 채혁이도 놀랍다.

이 장면을 보면서 아직도 내게 남아 있는 놀이에 대한 고정관념에 부끄러움을 느꼈다.

놀이를 이야기하고, 놀이를 연구하지만, 나는 여전히 놀이에 대해 어른의 잣대를 대고 있었다.

책을 붙여 놓고, 영화의 내용을 상상하며 눈물 흘릴 수 있는 영화관 놀이라니….

나중에 세빈이에게 눈물이 난 이유를 물었다.

"그 나비가 죽었거든요."

영화 주인공인 나비가 마지막에 죽었다고 했다. 그래서 울어버렸다고….

'그랬구나. 움직임 없는 그림이지만 세빈이의 머릿속에서는 그 나비가 날아다니고, 사랑도 하고, 죽기도 하는구나.'

이렇게 나는 오늘도 아이들에게 놀이를 배워 간다.

우리는 정말 신나요!

남은솔

▌우리 반 아이들의 놀이 특성

2021년 우리 반 아이들은 남아 5명, 여아 1명으로 이루어져 있다. 그래서인지 소위 말하는 과격한 놀이(예: SCP 놀이, 괴물 놀이, 좀비 놀이 등)를 하는 모습을 많이 볼 수 있다.

▌이것도 우리들의 신나는 놀이예요~!

유치원에 있는 놀잇감으로 헬멧을 만들고, 띠를 두르며 변신을 하기 시작한다.

어벤져스 놀이

아이들이 교실에 있는 스카프를 들고 와서 머리, 손목 등을 가리키며 "선생님 여기에 묶어 주세요!"라고 한다. "몸에 왜 묶는거야?", "태권도 놀이예요! 저는 파란띠예요!"라고 한다. 옆에 있던 다른 아이가 "아니예요! 어벤져스 놀이예요! 우리가 나쁜 녀석들을 물리칠 거예요!"라고 한다. 그러더니 "나는 타노스! 너는 뭐 할거야?"라며 서로의 역할을 정한다. 타노스, 토르, 스파이더맨, 아이언맨 등 마음에 드는 역할을 골라 없는 적들을 물리치기 시작한다.

겨루기 놀이

자이언트 블록으로 무언가 열심히 만들더니 머리에 쓰고, 팔에 끼운다. 그리고 십자 블록을 연결해서 칼이라고 한다. 변신한 두희의 모습을 보고 다른 아이들도 무기를 만들기 시작한다. 지온이는 똑같이 헬멧, 팔 보호대, 칼을 만들고 똑같은 모습으로 변신했다. 지율이는 칼만 만들고 자신은 악당이라며 동생들이 만든 것들을 무너뜨리고 두희와 서로 칼을 부딪혀 싸움하는 듯한 놀이를 한다. 본인이 만든 칼이 부서지자 지온이가 "두희 형! 부서졌잖아! 너무 세게 하면 안 되는거야!"라고 말한다. 두희가 "알겠어! 그럼 이제 안아프게 할게."라고 말한다. 지온이가 다시 칼을 만든다. 다시 겨루기가 시작된다. 놀잇감들이 서로 부딪히며 "캉! 캉!"소리가 나는데도 아이들은 깔깔 웃어 대며 "내 칼을 받아라!"라고 하며 놀이를 이어간다. 혹시나 하여 "너무 위험한 거 아니야?"라고 물으니 지온이가 "아니예요! 이건 놀이예요! 재밌어요!"라고 하며 나를 쳐다본다. 내가 "너무 심하게 휘두르거나 다칠 것 같으면 멈추라고 이야기할 거예요~"라고 말하자 아이들이 "네!"라고 대답하며 멈추었던 놀이를 계속한다.

아이들에게서 발현되는 놀이는 정말 다양하고, 예측하기가 어렵다. 불과 1년 전까지만 해도 조금만 과격해져도 위험하다는 이유로 아이들의 놀이를 멈추고 제한하기도 했다. 지금도 가끔 움찔하기도 하지만 그러한 놀이 안에서 아이들의 웃음소리가 교실 안을 가득 채우고, 그 속에서 또 배움을 찾아가다보니 이 또한 아이들의 놀이로 인정을 해 주어야 함을 느낀다. 교사가 놀이와 놀이가 아님의 기준을 제한하지 않고 그저 함께 놀이하며 찾아가다 보면 진짜 모든 것이 놀이였음을 깨닫게 된다.

종이 놀이

손은실

▌종이 놀이

  지수는 아침에 오면 꼭 그림을 그리거나 종이로 무언가를 만들고 있다. 그리고 또 다른 아이들이 왔다갔다 하면서 종이를 접어 보기도 하고 종이에 그리기도 하고 가위로 오리기도 하고 펀치로 뚫어 보기도 한다. 그렇게 하루가 지나고 다음 날이 되면 종이가 수북하게 쌓인다. 종이가 아깝다는 생각이 좀더 많이 든다. 그렇다고 종이를 충분히 주지 않으면 표현에서 제약이 따른다. 이것도 안 되고 저것도 안 되고 오늘은 이만큼만 사용하고… 그러면 하기 싫어진

이것도 놀이야

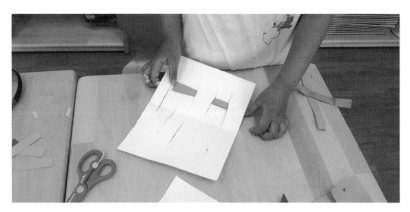
종이를 오리고 끼워 직조짜기 놀이를 하는 아이.

다. 자투리 종이를 정리했다. 이 자투리 종이로 미술 놀이를 할 만
한 것을 찾아보려고 한다. 그러고 있는데 지수가 와서 종이를 오리
고 있길래 어제 자유 놀이에 소개하려고 했던 것이 떠올랐다.

옛날에도 직조짜기라고 많이 했는데, 여기에서 다른 건 직선으로
오리지 않는다는 것이다. 먼저 하얀 종이를 반으로 접어서 아이들
이 가위로 자른다. 직선으로 꼭 하지 않고 곡선, 삐뚤삐뚤 마음대로
끝 부분만 남기고 자른다. 그리고 색종이로 잘라서 사이사이로 넣
는다.

규칙적으로 넣지 못해 두 칸을 넘어 간 것도 있다. 그대로 두었
다. 일단 촘촘하게 잘 넣지 못한다면 색종이가 자꾸 흩어진다. 그래
서 끝 쪽은 풀을 살짝 붙여 주었다. 처음에는 흰 종이를 두꺼운 종

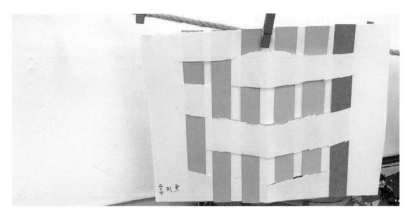
지수의 첫 작품.

이(200g)로 했더니 지수가 두꺼워(두 겹을 겹쳐 오려야 하니)서 잘 자르지 못한다. A4 용지는 너무 얇아서 끼우기가 힘들다. 스케치북으로 해 보니 지수가 그게 제일 괜찮다고 한다. 색지 끼우기는 색종이는 너무 얇은 것 같다고 해서 머메이지 자투리를 칼로 반듯하게 잘라서 줬더니 끼우기는 색종이보다 나으나 너무 반듯한 감이 있다. 지수에게 하얀색은 스케치북으로 하고 색지는 색종이로 자기가 오려서 끼우는 것으로 해 보라고 했다. 할수 있겠냐고 하니 괜찮다고 한다.

여러번 시도 끝에 두 번째가 지수가 혼자서 다 해 본 것이다. 내가 원하는 게 이것인 것 같다. 혼자서 다 하고 칸을 건너뛰어도 괜찮은, 똑같은 선이 아닌 각자의 선과 면으로 어우려져서 하나의 작품이 되는….

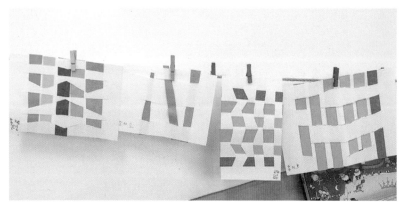
직조짜기 작품들.

이것을 하고 있는데 준환도 미솔이도 연화도 옆에 와서 하고 싶다고 한다. 오늘은 지수하고 연습하는 것이고 내일은 소개해 준다고 했다. 아이들이 이야기 자리에 모여 앉았을 때 소개했다.

"애들아. 오늘 자유 놀이시간에 선생님하고 지수하고 이걸했어. 이렇게도 해보고 저렇게도 해보고. 어때?"

미솔   예뻐요. 나도 하고 싶어요.

"지수하고 선생님하고 계속계속 공부했어. 너희들한테 소개해 주려고."

민준   연구소 같다.

나	응? 연구소 알아? 연구소가 뭐야?
민준	연구하는 곳.
지석	나도 알아요. 로봇도 만들고요.
민준	그럼 홍지수 연구소하면 되겠네.

"아하. 그럼 홍지수 연구소에는 지수야 연구하는 사람들이 있어야겠다. 하고 싶은 사람?"

아이들이 우르르 손을 든다.

"지수 네가 결정해. 내일부터 같이 할 사람 정하고."

끝나고 바깥 놀이 가려는데 연화가 옆에 와서 나를 부른다.

연화	선생님. 엑스포 공원 안전 체험관에 로봇 연구하는 거 있어요.
나	"아~~그렇구나. 나중에 가봐야겠네."

지금은 작은 종이부터 해 보고 아이들이 익숙해지면 큰 작업도 해 봐야겠다. 아이들이 사용하는 안전가위를 바꿔 봐야겠다. 가위가 안전만 생각했지, 가위로서의 기능을 잘 못하는 것 같다.

홍지수 연구소

아침 시간. 내가 미술 영역에 어제 한 종이 오리기를 보고 있으니

지수가 그린 그림.

민준이 말한다.

"빨리 홍지수 연구소라고 해요."

잊지 않고 있었나 보다. 본인인 지수는 아직 말 안 했는데….

"지수야. 민준이 홍지수 연구소 붙여 달래."

고개를 젓는다.

"왜? 싫어?"

"그럼 선생님하고 홍지수 연구소 할래?"

▍종이 놀이

어제 한 종이 놀이를 하고 싶은 사람 모이라고 했더니 어제와는 달리 오늘은 연화,지석,지수, 은수가 온다. 다민이는 옆에서 보기는 하는데 한다고는 말하지 않는다. 은수는 가위 사용이 잘 안 된다. 아무래도 가위를 바꿔야겠다. 지석이는 뾰족뾰족하게 오려 놓고는 펼치더니 악어 입 같다고 좋아한다. 지석이, 연화 모두 한 방향으로만 색종이를 끼워 놓았다. 그러니 색종이가 자꾸 빠진다. 지석이에게 한 번, 한 번 번갈아 가면서 끼우는 것을 가르쳐 줬더니 따라서 한다. 그리고 양면 색종이어서 뒤에도 색이 있는 것을 보고 "대~박" 한다. 같은 방향으로 끼운 아이들은 마지막에 종이가 안 빠지게 풀을 붙여 주었다. 연화는 다 만들고는 접을 쪽을 날개짓하더니 '나비'라고 한다. 집에 가져가도 되냐고 묻는다. 난 전시를 좀 하고 싶었지만 그러라고 했다. 앞으로 계속 만들것이라서…. 이 간단한 놀이가 잘 되면 크게도 한번 해 보려고 한다.

　이것을 하는 사이 민준, 현수, 준환이 교실을 뛰어다닌다. 정리하고 오라고 했다. 아이들이 원하는 것은 아니었지만 변화 차원에서. 또 한 번은 소개시켜 주어야 하니 오라고 했더니 민준이 겨우 온다. 민준이 어떻게 하냐고 묻더니 한참을 머뭇거리며 하지 않는다. 지석이 것을 보여 주며 "어떻게 하면 이렇게 될까?"라고 물었더니 비슷하게 끼워 넣고 있다. 색종이 4개를 끼워 넣고는 너무 힘들다며 일어선다. 즐거운 것 같지가 않았다. 현수는 다 하고는 "자유 놀이 해도 돼요?"라고 속삭인다. 자기 작품은 집에 가져간다고 가방에 넣었다.

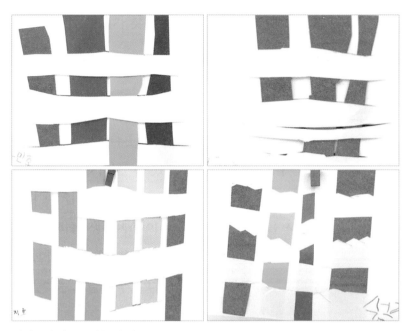

아이들이 만든 종이 놀이 작품들.

┃ 홍지수 연구소

민준 홍지수 연구소 안 할래요.

"하고 싶은 사람만 하면 돼."

연화하고 지석이가 "그 다음 것(다음 단계)을 하고 싶어요" 한다.

"그건 다음 주에 열릴 거야."

지석이는 그럼 안 한다고 간다.

다민이가 주위를 맴돈다.

"연화야. 다민이 좀 가르쳐 줄래?"

둘이서 한다.

▌종이 연구소 2단계 소개

어제도 바깥 놀이를 오전 내내 했고 종이 이야기를 좀더 했으면 하는데 생각보다 종이 연구소가 활발하지 않다. 2탄을 기대하는 아이들이 있어서 오늘은 지수하고 아침에 연구소를 열어야겠다고 말했다. 지수가 생각하는 연구소가 아니어서 그럴까? 종이 연구소에서 하는 첫 번째 놀이가 내가 제시한 종이 놀이여서 그럴까? 어쨌든 지수가 좀 더 적극적으로 나와 주면 좋을 것 같은데⋯. 일단 제시를 해 본다.

연화 (핑킹가위를 가져와서) 이거 해도 돼요?

지난번에는 굳이 핑킹가위를 할 필요는 없어서 하지 말라고 했다. 그러나 절대 안 될 이유는 없다. 핑킹가위를 허용한다.

2단계 하고 싶은 아이들 모이라고 하니 연화, 지석, 미솔이 온다. 미솔이는 처음이라고 한다. 1단계를 하지 않았다. 물론 1단계를 해야만 2단계로 넘어가는 순차적인 것은 아니다. 일단 모이는 아이들끼리 한다. 2단계 준비물의 달라진 점을 말해 보라 하니 하얀 종이

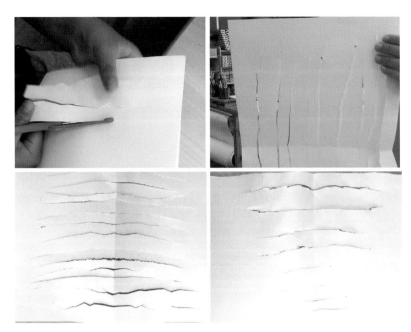

핑킹가위로 종이를 자르는 아이와 잘린 종이들.

(바탕 종이)가 커진 것과 끼우는 종이(조각 종이)가 길어졌다고 한
다. 1단계를 한 아이들은 종이를 접힌 부분부터 가위로 오리고 있
는데 미솔은 종이가 입이 벌어진 부분을 오리고 있어서 다시 가르
쳐 주었다.

   지석   2단계가 되면 점점 복잡해진다.

아이들에게 1단계의 전시를 보면서 이야기한다.

이 놀이의 포인트는 가위를 사용하여 마음대로(직선, 곡선, 지그재그…)로 오린다는 점이다. 또한 반으로 접어서 오리는데 아이들이 끝가지 가위질을 하지 않으면 네 번째 사진(p269)처럼 된다. 그러나 이것도 모양을 만들어 내는 그 아이의 의도하지 않은 자연스러움(가위질이 끝까지 하기 힘들었든지…)이기 때문에 그냥 두기로 했다. 2번째 사진의 연화는 가위질을 끝내고 펼쳐보며 사이사이로 흔들어보며 좋아했다.

지수   이제부터 힘든 시간이 다가와요.
나   뭐가 힘들어?
지수   끼우는 게 힘들어요.

끼우는 게 생각보다 힘든가? 끼우는것 때문에 이 놀이가 인기가 없을까? 민준은 분명히 1단계부터 말했다. 하기 싫다고. 자기가 '홍지수 연구소' 하면 되겠네 해 놓고 자기는 물어볼 때마다 안 한다고 먼저 소리친다.

물론 꼼꼼하게 규칙적으로 끼우는건 힘들다. 그래서 강요하지는 않는다. 2칸을 넘어가도 삐뚤삐뚤 끼워도. 일단 규칙의 아름다움을 위해 고쳐 주기 시작하니 너도나도 같거나 비슷한 작품이 되고 만다.

1단계에서는 색종이를 자기가 오려서 사용했는데 아무래도 이게 더 괜찮은 것 같은데 종이가 커지면 색종이 길이가 맞지 않는다. 그

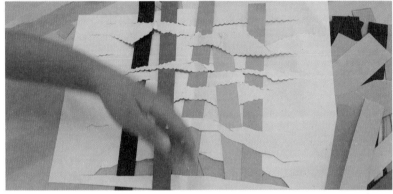

종이로 직조짜기 놀이를 하는 아이들과 완성된 작품.

래서 2단계에서는 내가 색지를 길게 잘라 놓았다. 오늘은 색지가 종류별로 많지 않아서 있는 종이로만 했다.

이 색지도 삐뚤삐뚤 아이들이 오려야 예쁜 것 같다. 아이들에게도 가위 사용이 도움이 되고….

지석이만 끝까지 완성하고 지수도 미솔이도 연화도 몇 개 끼우고는 그만한다고 한다. 지석이는 첫 번째 규칙은 따라서 했다. 시

지수가 만든 '연'.

작은 밑에서부터 끼우고 두 번째는 위에서부터 끼우고 이 규칙은 지켰지만 중간에 가다 보면 같아지기도 한다.

"지수야. 이거 말고 다른 것도 연구해 볼까?"

지수가 "긴 색지로 이렇게 하면 좋겠어요" 하더니 연이라며 만들어온다.

내일은 '연'을 소개하기로 했다.

▌이것도 놀이야

아이들은 놀이를 한 것일까? 지수가 자유 놀이에서 종이로 놀이를 잘 하고 있었는데, 교사인 내가 들어가서 종이로 할 수 있는 직조짜기를 소개해 주었다. 그리고 내가 신나서 다른 아이들도 하기를 바랐고 지수가 쭉 이어 가기를 바랐다. 그러나 결국 아이들은 힘들어했고 2단계를 넘어가지 못했다. 나는 그것을 받아들였다. 끝까지 가고 싶은 마음이 있었지만 지수의 '연'을 보고는 마음을 바꿨다. 아이들이 원하는건 직조짜기가 아니었던 것이다. 그렇다면 이건 놀이일까?

놀이가 맞다, 아니다보다는 아이들의 반응을 내가 볼 수 있었다는 것에 의미를 둔다. 그러면서 아이를 좀더 이해할 수 있는 기회가 되었다. '아 싫어하는구나', '싫지만 교사인 내가 하라고 하니 하는구나', '무엇 때문에 안 될까?', '민준이는 종이로 하는 것은 싫어하는구나', '다민이는 하고 싶은데 주위를 빙빙 돌면서 먼저 살피는구나', '지석이는 2단계 그 다음도 할 수 있겠다. 규칙적인 것을 좋아하는 것 같다' 등등 이 종이 놀이는 아이들이 시작한 것도 아니었고 아이들은 다 싫어했고 그래서 결국은 실패한 수업이지만 나는 아이들을 종이 놀이를 통해 좀더 이해하게 되었다. 그리고 아이들이 더 이상 하고 싶지 않다는 것을 받아들이고 연을 계기로 방향을 틀게 되었다. 아이들이 하고 싶은 종이 놀이를 따라가게 되었다. 교실에서 이러한 상황을 자주 마주하게 되고 그럴 때마다 내가 깨닫는 것이 있다면 '내 주도를 내려놓고 아이의 마음을 좀 더 따라가 보면 어떨까?'라는 것이다.

과연 이게 놀이일까?

이유정

제목을 정하면서도 문득 곱씹어 보았다. 과연 이게 놀이일까? 사실 이렇게 이야기하는 건 유아 교육에 관련된 사람일 뿐이지 않을까 생각된다. '놀이일까?'라고 묻게 되면 뭔가 더 고민하고 더 까다롭게 가치를 매기게 된다. 사실 '과연 이게 노는 걸까?'라고 생각하면 유아들의 거의 모든 활동에 쉽게 그렇다라고 대답할 수 있을 거 같다.

봄비가 며칠 내내 내리다 겨우 그친 다음 날이었다. 깨끗하게 씻겨 내려가 청아했고 아이들은 얇아진 긴 옷을 입고 바깥 놀이를 나갔다. 운동장의 그네를 향해 힘껏 달려 나갔다. 사실 운동장의 그네는 4개 뿐이라 곧 달리기 선착순이었다. 일단 그네 한 자리 차지하는 게 우리 반의 암묵적인 목표였다. 그네를 차지하지 못 하면 몇 발자국 떨어진 뒤에서 친구가 재미가 없어 그네에서 내려올 때까지 기다리는 수 밖에 없다. 그런데 그날 아이들은 그네까지 뛰어가다 끼이익- 멈췄다. 멈춘 그 곳엔 깊게 패인 바퀴자국에 물이 꽤 많이 고여 있었다. 순식간에 아이들은 그 물웅덩이에 마음을 뺏겨 버렸다.

실비는 손을 넣어 휘휘 젓기 시작하더니 물웅덩이 속을 움켜잡았다.

"액괴다 액괴 만질 사람~"

액괴는 질퍽질퍽하고 형태가 없어 아이들이 만지면서 가지고 노는 액체 괴물이다. 물웅덩이 속에서 실비가 진흙의 촉감을 느꼈구나. 이런 느낌을 액.괴. 바로 그렇게 표현했다.

"이거 커피다. 커피, 커피 마실 사람~"

뚝비는 물웅덩이의 연한 주황과 회색빛의 탁한 색이 아마 엄마가 자주 마시는 믹스커피 색이 생각났을 것이다. "가루는 모래로 만든 믹스커피야 믹스커피" 중얼거리며 다가왔다.

"선생님 저는요 지금 어떤 느낌이 나는지 진흙을 밟아 보는 중이에요."

"어떤 느낌이 드는데?"

물웅덩이에서 노는 아이들.

"찐득찐득한 젤리 느낌?"

발바닥에 온 신경을 곤두세운 듯 천천히 밟으며 느껴 보며 이야기했다.

아이들은 저마다 자신들의 방법으로 물웅덩이와 만났고 자신들의 언어로 표현했다. '이러고 물웅덩이에서 더이상 뭘 더 하겠어?'라던 나의 생각은 정말 오산.

"소금쟁이다 소금쟁이가 날았어!"

손톱만큼 작은 생명의 날갯짓에 아이들의 관심이 최고조에 이르며 소금쟁이의 날개를 발견했고 소금쟁이를 손가락을 꼽으며 한 마리 두 마리 세어 보았다.

"물고기도 있나 봐요. 여기 거품이 있어요."

가루는 물웅덩이에서 보글보글 피어난 방울이 물고기의 거품으로 의심하기 시작하여 얕고 아이들의 키만 한 너비의 물웅덩이 속에서 물고기를 찾기 시작했다.

"손을 넣어 봐 손을 넣으면 물고기가 올 거야 나 닥터피쉬를 봤는데."

아이들은 옹기종기 모여 양손을 물웅덩이에 넣고 기다리는데, '물고기가 나올 리가 없잖아 금방 포기하고 말 거야.' 싶었다. 하지만 아이들은 더 깊이 빠져들었다.

"땅을 파면 될지도 몰라요."

"근데 흡혈귀가 나올 수 있어."

"우리 흩어져서 이렇게 해 보자. 그럼 나올지 몰라."

"선생님 이건 고여 있으니까 연못 아닐까요?"

"비 올 때 물에 사는 곤충 봤어요. 물장구!"

물방개를 이야기하는 건가 생각하는 중에 내가 모른다고 생각했는지 가루는 양팔로 열심히 설명해 주었다.

"입이 이렇게 생겼어요. 파리지옥 같이."

가루는 남해 갯벌에서 보고 온 가재도 찾고 싶다며 돌멩이를 주워 왔다.

"선생님 이제 이게 호미가 될 거에요. 이건 돌인데 이걸로 물고기와 가재를 찾을 거예요."

어느새 한 시간이 부쩍 넘어가는데도 아이들은 물웅덩이 속에서 소금쟁이 알도 찾아내고 소금쟁이를 잡아서 서로 소금쟁이를

물웅덩이에서 잡은 소금쟁이를 관찰하는 아이들.

코앞까지 대보며 살펴보았다.

어느덧 찾아온 점심 시간이 정리할 시간이었다. 머리카락, 얼굴에도 진흙이 다 묻고 장화가 아닌 신발에, 양말에도 축축하게 젖어 강당 밑 계단에 앉아 털어 내는데, 가루가 큰 목소리로 이야기했다.

가루 "오늘 자~알 놀았다!"

뚝비 "그치? 오늘 진짜 재밌었지?"

이슬 "내일 또 비 많이 왔으면 좋겠다"

교실로 들어가는 길, 아이들의 얼룩덜룩 묻은 옷에 머리도 난장판이었지만 아이들의 한껏 상기된 표정과 친구와 끝나지 않은 이야기를 쉴 새 없이 하는 모습에서 바로 이게 놀이라고 확신했다.

유치원에선 주제를 정하고 발표하는 시간을 이야기 나누기라고 한다. 자리에 앉아 바른 자세로 한 명씩 순서대로 정한 주제에 맞춰 발표한다. 아이들은 다른 친구의 이야기를 듣고 있기도 힘들고 나와서 발표하는 것에 선뜻 나서지 못한다. 그리고 항상 느끼지만 그림책을 읽다가도, 그림을 그리다가도 이야기가 흘러나오기 마련인데, 이야기 나누기 시간이라고 따로 구분할 필요가 있을까? 오늘은 교실 속 바닥 자리가 아닌 늘 지나다니는 물웅덩이었지만 우연히 만난 물웅덩이가 아이들로부터 많은 걸 꺼냈다. 실비는 아빠가 맨날 낚시한다고, 가루는 아빠가 농어 잡은 이야기부터 물웅덩이를 온몸으로 느끼고 표현했다. 비가 오기만 한다면 흙이 있다면 어느 곳이든 아이들은 즐겁게 배우고 한 뼘 더 성장할 수 있는 놀이가 시작될 수 있다.

김미화   '변화'보다는 '변치 않음'이 삶의 미덕이라고 생각해왔지
만, 현재 교사로서 많은 변화를 경험하고 그것을 기꺼이 즐거운 마음으로
받아들이고 있다. 그리고 수많은 변화 속에선 늘 교사학습 공동체와 동료
교사들이 함께 하였고, 이들이 있어서 가능했다. 이들 덕분에 용기를 얻었
고 새로운 시도를 해 보았으며, 글 쓰는 재주가 좋지 않음에도 불구하고 작
가라는 타이틀을 얻을 수 있었다. 그래서 지금의 공동체 그리고 동료 교사
들과 꾸준히 친분을 잘 유지하여(?) 새로운 의미 있는 경험을 또 해보고 싶
다는!! 열망으로 가득차 있다.

김민아   딸 부잣집 막내로서의 기질이 다분한 나는, 어떤 모임에

서든 리더가 되는 게 불편하다. 앞장서는 것 보다는 돕는 게 좋고, 홀로 드러나는 것보다는 어우러질 때 행복하다. 내가 행복한 진짜 내 모습 그대로 교육 현장에서 보여지면 좋겠다. 아이들을 앞의 자리에 놓고, 아이들 각자가 가진 빛의 스펙트럼을 발할 수 있도록 돕는 프리즘 역할을 하는 것, 그 모습을 그리면서 오늘도 한 걸음 앞으로 내딛는다.

남은솔   나는 참 운이 좋은 사람인 것 같다. 첫 발령과 함께 동아리를 만나고 놀이에 대해 함께 나누며 이렇게 책을 쓰는 경험까지 가질 수 있게 되다니 참으로 감사하다. 왜 놀이일까? 어떤 놀이를 해야 하나? 어떻게 놀아야 하나? 무엇이 놀이인가? 아직도 어렵고 여전히 고민이다. 이러한 고민들이 교사로서 나를 성장시키고 나를 변화시키며 나를 단단하게 만들어 주는 것이 아닐까? 이렇게 별거 아닌 것 같아 보이는 아이들의 놀이를 들여다보고 고민하고 현장의 이야기를 함께 나누며 '이것도 놀이인가?'라는 물음표에서 '이것도 놀이지!'라는 느낌표를 자신 있게 가질 수 있었으면 좋겠다는 바람이다. 어제의 하루를 너무 후회하지 않고, 내일의 하루를 너무 걱정하지 않으며 아이들의 놀이에 대한 기대로 가득한 오늘의 하루를 보내기 위해 오늘도 아이들의 놀이를 끊임없이 바라보고 끄적여 본다.

손은실   교직 경력 17년 차이다. 이 기간 동안 했던 일 중에 가장 뿌듯한 일은 학습 공동체에 꾸준히 참여한 것이다. 이 책이 나올 수 있었던 것도 학습 공동체에서 함께 한 동료 교사와 그 나눔의 이야기가 있었기 때문이다. 항상 고민하고 함께 찾아가고 배움을 나누고 그렇게 교사로서의 삶을 살고 싶다.

유재은 　　　　유치원 교사를 하다가 놀이 치료에 관심이 생겨 놀이 치료를 배우고자 현장을 떠났고, 어쩌다 정신을 차리고 보니 다시 유치원에 들어와 있었다. 유치원에서 아이들과 어울려 신나게 놀다가 아이들 뿐만 아니라 아이들과 놀고 있는 선생님들, 그들이 지내고 있는 유치원을 위해 살아 보자 하는 생각이 들었다. 그렇게 지금은 교실 밖으로 나와 유아와 교사, 학부모들을 바라보며 새로운 일을 하고 있다. 놀이 치료사든 교사든 장학사든 결국 그 길의 끝엔 유아들이 있다. 이 길의 끝에 있는 유아들을 위해 오늘도 새로운 자리에서 좌충우돌하며, '오늘보다 더 나은 내일'을 만들기 위해 나름 고군분투 중이다.

이유정 　　　　뭐든 일단 계획적으로 정해 두어야 하던 내가 예측 불허 아이들을 만나고 그 속의 놀이를 들여다보며 이제 이런 게 더 속 편함을 느끼고 있는 중이다. 새로운 앎을 좋아해 이것저것 시작하는 데 아이들과 함께 그런 모험을 떠나고자 한다. 나는 아직 교사로서 불완전하지만 그만큼 더 나아갈 여지가 있고 성장할 수 있는 미래가 펼쳐져 있다. 나와 같은 처지의 미생들에게 공감과 위로를 전하며 함께 완생으로 나아갔으면 좋겠다.